三十七道品導引手冊

《阿羅漢的足跡―增訂版》

緬甸 雷迪大師著　蔡文熙中譯

目 錄

三十七道品導引手冊

《阿羅漢的足跡》增訂版

中譯者序言

《阿羅漢的足跡》-《三十七道品導引手冊》(*Bodhipakkhiya Dīpanī*)，係譯自緬甸雷迪大師 (*Ledī Sayādaw 1846-1923*)《佛教手冊》第六部份。雷迪大師是南傳佛教在十九世紀末、二十世紀初期最具影響力的僧人，論理與修持同時具足；《阿羅漢的足跡》這本書由於論述清晰，廣引三藏典籍，又能推陳出新，自成一格，並累經國際知名的修行高僧，如耶那婆尼卡長老 (*Nyanaponika Mahāthera*) 的潤筆、推薦，在歐美佛教中頗富盛名。本文中譯的緣起，則是在嘉義明法比丘的鼓勵與協助下完成的，希望藉由本書的出版，能夠達成拋磚引玉的效果，充實台灣佛教多元化的內涵。

雷迪大師在十九世紀末，就已經在緬甸佛教中享有崇高的聲譽，隨著英國佔領緬甸，西元一八八一年由英國佛教徒戴維斯 (*Rhys Davids*) 創立的「巴利聖典協會」(*PTS*)，也開始注意緬甸佛教的巴利傳統，「巴利聖典協會」出版雷迪大師

的《雙論研究》與《哲學關係》，成為緬甸僧侶在歐美學界佔一席之地的第一人，而雷迪大師除了擅長論述之外，也廣泛推廣以觀察受念住為入手的直觀法門，影響深遠，遍及緬甸的各種禪修道場，以及修習雷迪大師直觀法門的在家修行人。目前在緬甸北部重鎮曼德勒 (Madalay) 近郊有一間專屬的雷迪禪修道場，負責雷迪大師作品碑文的維修等。

本書原名為：(Bodhipakkhiya Dīpanī)，英譯本共有兩種名稱，一為緬甸版的《覺支手冊》(1965)，一為斯里蘭卡版的《菩提的資糧》(1971)，而馬來西亞的長命法師則中譯為《三十七菩提分》，本書的中譯本在嘉義新雨連載時則譯為《三十七道品導引手冊》，如今改用《阿羅漢的足跡》為主要書名，是兼顧了本書所陳述的阿羅漢聖者境界，便於一般性讀者了解與閱讀，若有不妥適之處，還請不吝指正。

本書的中譯過程，承蒙空法師與台東甘露精舍宏貞法師、傳平法師、星善法師、天至法師的校對、潤稿，至於本書當中的巴利文部分則承蒙南華管理學院蔡奇林老師的協助下，再一步加以校正。

蔡文熙 2000 年 4 月於台北淡水

增訂版譯序

本書增訂版，恢復原版書名《三十七道品導引手冊》。

此次改版，主要是增訂了新譯的兩篇短文：「證入無我的利益」、「業力五問」，以及明法比丘撰寫的「雷迪西亞多略傳」；至於譯本文本，除了校對錯別字、統一名相之外，大致維持初版直譯的風格，在註解部份則略作修正，並以 * 符號表示**譯者按**。

譯文中，**直觀** (vipassanā)，或譯為內觀、內明或毗婆奢那，本書譯為直觀是含攝了緬甸禪坐分別見與直接觀察對象的雙重涵義，尚祈識者諒之。

歲月如梭，本書歷經十餘年時光幻化，本書的主要摧生者明法比丘 (1952-2009)，業已捨報往生，謹此誌念。

2012 年 歲在壬辰 朝陽青田

引　言

一九〇四年四月，應波妙先生與赫拉先生的請求，我簡要地陳述了三十七道品的意義與旨趣。

四種類別的人

正如《人施設論》與《增支部》中所說的，遇見佛法的人可以分為四類：

1. 敏銳的智者 (*Ugghāṭitaññū*)

2. 廣說的智者 (*Vipañcitaññū*)

3. 未了的行者 (*Neyya*)

4. 文句的行者 (*Padaparama*)

關於這四種類別的人，**敏銳的智者**，親自遇見佛陀，並且只要聽見簡短的開示，就能證得神聖的道與果。

廣說的智者，只聽聞到簡短的開示，是沒有辦法契入道與果，還需要詳加解釋，才能證得道與果。

未了的行者，縱使聽聞簡短的開示，或者經過詳細的解說，還是無法證得道與果；他必須精研教義，然後日以繼夜地修習，這樣才可能契入道與果。

　　未了的行者，還可以根據修行的階段，細分為許多類別，這是根據每位修行人在證得道與果之前所必須經歷的修行階段，以及每位修行人先前獲得的波羅蜜，所克服的煩惱來加以區分的。這些類別，包括必須修習七日禪的行者，乃至於必須修習長達三十六年或六十年之久的行者。

　　對於必須修習七日禪的行者而言，還可以再為許多分種。有的在生命的第一、二階段（青年、中年），經過七日禪修，就可以證得阿羅漢的，要是在生命的第三階段（老年）才修習七日禪，只能證得較低層的道與果。

　　然而，所謂修習七日是指全力以赴，如果不是處於最精進的狀態，就會因放逸的程度，延緩證悟的時間，屆時，七日可能會延長為七年，甚至更久的時間。

　　如果今生的修習不夠密集，因而不能證入道與果，那麼，此世與佛法相逢的期間就不可能從世間的痛苦中解脫出來，

唯有來世與佛法再相逢的時候，才可能解脫；如果沒有遇見佛法，就不可能證悟解脫。一位修行人獲得佛的授記，就是指與佛法相逢，能從世間的痛苦中解脫。一位修行人縱使積累足夠的波羅蜜，但是沒有獲得授記，就不能確定會再與佛法相逢，或者從世間的痛苦中解脫。

這是考慮到，有些修行人是有潛能在七日精進禪修中證得道與果，可是並沒有獲得授記。

同樣的考慮也可以適用到，那些有潛能在十五日乃至較長的時間精進禪修，證得道與果的修行人。

文句的行者，縱使遇見佛法，並且全心投入法的研究與修行，還是不可能在今生中證入道與果。他的一切作為，只是積累習氣與潛能而已。這類的行者不可能在今生當中，從世間的痛苦中解脫出來。要是他在修習止或觀的時候，往生了，並且再生為人類或天人，屆時，才可能從此世與佛法相逢的機緣中，由世間的痛苦中解脫出來。

以上就是佛陀所說四種類的人。

人的三種類型

　　根據上述所提及的三藏經典中，佛陀又說到另一種分類，按照病人的三種狀態，把人區別為三種類型。三種狀態的病人是：

　　1. 即使沒有服用藥物或接受治療，這種病人在一定的期間之內，就痊癒了。

　　2. 無論是服用藥物或接受治療，這種病人病情沉重，很難復原，瀕臨死亡境地。

　　3. 這種病人只要正確服用藥物，接受治療，就可以恢復健康，但是，如果沒有正確服藥、接受治療，就難以痊癒，而且會病發身亡。

　　獲得過去佛授記，且在今生中，會由世間的痛苦中解脫的修行人，類似第一種狀態的病人。

　　文句的行者，類似第二種狀態的病人。正如處於第二種狀態的病人沒有機緣恢復健康。文句的行者今生也沒有機緣從世間病苦中解說。不過，在未來世，他或者會與佛法相逢，因而獲得解脫。從年輕的喬達摩那瓦 (*Chattamāṇava* ＊ 出《天宮事》)，

青蛙變爲天人（*出《天宮事》）以及苦行者薩遮迦 (*Saccaka* *出《中部》)
等故事，都說明在現世與佛法相逢，卻到來生轉世時才從世
間的病苦中解脫。

　　未了的行者，類似第三種狀態的病人。或者痊癒，或者
一病不起；未了的行者也面臨兩種難以預料的情況，或在今
生中從世間的病苦中解脫，或者不解脫。

　　如果這位未了的行者，及早投入修行，拋棄應該拋棄的
事物，尋找一位正確的導師，能從這位導師獲得正確的引導，
並且適時精進，他就能在今生中，從世間的病苦解脫。不過，
如果他陷入邪見邪行，不能拋棄感官的享樂；或者縱使他能
拋棄感官的享樂，卻不能尋獲良好導師的指引；或者他雖然
獲得良好導師的指引，卻不能全心投入，精進修行；或者他
雖然全心投入，卻不能恆守至命終；或縱令他還很年輕，卻
弱不禁風，因此，這位未了的行者還是不能在今生中，從世
間的病苦解脫出來。阿闍世王（*見《長部》第2經《沙門果經》）、富豪
摩訶達那 (*Mahādhana*) 之子（*見《法句經注》、《餓鬼事》）、須提那比丘
(*Sudinna* *見《律藏》波羅夷第一)，他們都是無法在今世從世間病苦中
解脫出來的人。

阿闍世王之所以無法證得解脫，是因為他犯了弒父的行為，在未來兩個阿僧祇劫中，他會漂流輪迴，之後，他才會蛻變為獨覺佛。

　　富豪摩訶達那之子，在年輕的時候，過度沉溺在感官的歡娛中，年老的時候，心靈一直無法寧靜下來。他不但無法從世間的病苦中解脫出來，甚至沒有機緣遇見三寶。看到他這種情境，佛陀向阿難說：「阿難啊！如果這位富豪之子，年輕就出家，他會變成一位阿羅漢聖人，在今生證得涅槃。再不然的話，如果是中年出家，他會變成一位阿那含聖人，往生的時候，化生五淨居天，因而證得涅槃。再不然，如果在老年選擇我的僧團出家，他也會變成一位斯陀含聖人，或者預流果聖人，並且永離四惡道。」佛陀向阿難尊者如是說。因此，雖然這位富豪摩訶達那之子，擁有足夠的波羅蜜，可讓他從今生中解脫，終結輪迴，卻不是一位獲得佛陀授記的人。雖然他有機緣遇見佛法，卻因為內在煩惱的驅使，無法在今生中從世間的病苦解脫出來。如再進一步來看，由於在現世所作的惡行，他處於四惡道的狀態會延長，那麼，就沒有辦法適時從四惡道中脫離，再生為人，與未來的彌勒佛相逢。此後，接續而來的輪迴世界，都是佛陀未出現的世界，因而不

能接觸到佛法。啊！雖然這位富豪之子擁有足夠的波羅蜜，可讓他在今生解脫，可是他想從世間的病苦中解脫，距離是那麼遙遠。

現在時下流行的意見認為，如果一個人具足波羅蜜，即使不想，他還是會與佛法相逢。同樣的，雖然不想從世間的病苦中解脫，他還是會證得解脫。不過，持這種看法的人必須注意到授記與未授記的情況。請思索一下上述提及的兩部經典，以及富豪摩訶達那之子的故事，請務必記住，即使是未獲佛陀授記的人，如果全心精進修行，還是可以在今生中，從世間的病苦解脫出來。然而，縱使擁有足夠的波羅蜜可以證得解脫，要是不精進，還是不能在佛法中證得道與果。

除所舉例的幾類人外，還有許多其他的眾生，例如苦行者阿羅邏 (Āḷāra) 與鬱陀伽 (Uddaka)，雖然擁有足夠的波羅蜜證得解脫，卻沒有機緣，這是因為他們身陷八難當中。在八難中，是不可能藉此證得道與果的。

未了的行者與文句的行者的修行必備資糧

上述所提人的四種類別當中，**敏銳的智者與廣說的智**

者，只要聽到開示，就可以證得預流道果以及其他較高階的智慧，例如毗舍佉 (*Visākhā* ＊見《法句經註》第 1 偈頌）以及給孤獨長者 (*Anāthapiṇḍika* ＊見《法句經註》第 18 偈頌）。對於這種類別的人而言，修習法並不需要依照戒清淨、心清淨等等的修行次第。請謹記在心，當天人與梵天從世間的痛苦中解脫出來的時候，也是相同的情形。

因此，我們必須指出，像戒清淨、心清淨等等記錄在三藏經典當中的修行次第，是針對證入預流道果之前的未了行者與文句行者所提出的。這些修行次第，對於人的前三種類別而言，遠比證得更高層道果，還來得重要。即使阿羅漢聖人已經走過這些修行次第，在證得阿羅漢道果之後的階段，這些修行次第是用於**現法樂住**的目的。

佛教的第一個千年，是所謂的無礙解型的阿羅漢聖人時代，之後，也就是現階段的佛教，只包括未了的行者與文句的行者這兩種類別的人。現在，只存在著這兩種修行人而已。

關於這兩種修行人

未了的行者

關於這兩種修行人，未了的行者，如果實實在在地修習三十七道品，其中包括了四念住、四正勤等等，他可以在今生成為預流道聖人。不過，如果他在修行上鬆懈了，只有當他轉生天界之後，才有可能成為預流道的聖人。當他離開法 (*三十七道品) 例如四念住等等，不幸往生，就佛法來說，他是整個迷失了，不過，要是能遇見未來佛，還是可以從世間的痛苦中解脫出來。

殘存的文句行者

文句的行者，如果在今生能夠實實在在地修習法 (*二十七道品)，來世轉生天界之後，就可以在現階段的佛法時期證入解脫。

聖人的時代

現階段的佛法時期長達五千年，是充滿聖人的時代。奉行三藏經典於人間多久，聖人的時代就會持續下去。文句的行者會運用與佛法相遇的機緣，盡其一生，累積波羅蜜的種子，累積戒律、禪定、智慧的種子。

戒律

談到戒律、禪定、智慧種子的累積，戒律的種子是指：在家男女的五戒，活命戒（正命）、八關齋戒、十戒，以及諸比丘的比丘戒。

禪定

禪定的種子是指經由修習四十種禪修對象之一，例如十遍處，來證得**遍作**；或者，如果再進一步的努力，就可以證得**近行定**；如果又激起進一步的努力，就可以證入**安止定**。

智慧

智慧的種子是指有能力分析色（物質現象）、名（心靈現象）、蘊（存在的構成因素）、處（基礎）、界（因素）、諦（真理）以及緣起（相互依賴的根源），而且有能力直觀到一切存在的三項特質（三法印）：無常、苦、無我。

談到道智與果智的三種種子，戒律與禪定就像裝飾品一樣，總是在莊嚴這個世界，而且，即使是沒有佛出現的世界中，戒律與禪定還是存在著。戒律與禪定的種子可以隨意獲

得。但是，智慧的種子，因為涉及色、名、蘊、處、界、諦與緣起，只有當一位修行人遇見佛法才能證入。一位佛法的門外漢，縱使無數的世界過去了，可是連聽到與智慧有關字句的機會都沒有。因此，現在有機會遇見佛法的修行人，如果想累積道與果的智慧種子，以確保未來世能在佛法之內，從世間的痛苦中解脫出來，那麼，就應該對於最終真理（＊第一義諦）的知識，寄以特別的關照。對於修行人而言，這遠比累積戒律、禪定種子還難以克服。至少，他們應該嘗試去觀察四大界—地、水、火、風是如何構成一個人的身體。如果他們想要好好觀察這四大元素，圓滿證得這一系列的智慧種子，雖然這是最困難證入的，但至少已不需要阿毘達磨論藏。我們可以這樣說，在佛教內再生，雖然很困難，卻非常值得去做。

明與行

戒律與禪定就是行，智慧就是明，因而合稱為明行（*vijjā-caraṇa*）。明就像人的眼睛，行就像人的手足；明就像鳥的眼睛，行就像雙翼。擁有戒律與禪定，可是欠缺智慧的修行人，就像擁有健全的雙手雙足，卻瞎了雙眼的人。擁有明，可是欠

缺行的修行人，就像一個人擁有良好的視力，卻四肢殘缺不全。**明、行具足**的修行人，就像一個人擁有良好的視力與健全的四肢；**明**與行同時欠缺的修行人，就像雙眼、雙手、雙足都殘廢的人，根本不夠資格稱爲活生生的人類。

只擁有「行」的結果

　　活躍於現階段佛法時期的修行人當中，有些人圓滿地具足戒律與禪定，可是卻欠缺明的種子，也就是欠缺對於物的性質、心的性質以及存在的構成因素的直觀。因爲他們在行上力量強盛，大概可以與未來的佛教相遇，可是，因爲欠缺明的種子，即使親自聽到未來佛的開示，還是不可能開悟。這些人，像是至尊佛陀住世期間的迦留陀夷長老 (*Udāyi-tthera* * 見《法句經註》第64 四偈頌)、優波難陀 (*Upananda-tthera* * 見《法句經註》第158 偈頌)、六群比丘 (* 見《律藏》大品) 以及拘薩羅國王 (* 見《法句經註》第60 偈頌)。因爲他們以前累積了行，例如布施與戒律，有緣與至尊的佛陀相逢；可是，以前沒有累積明，他們縱使經常傾聽佛陀的開示，還是像耳聾一樣，不知所云。

只擁有「明」的結果

有些人擁有**明**，例如對於物、心的性質以及存在的構成因素（蘊）的直觀，可是欠缺**行**，例如布施、根本五戒、八戒（齋戒日的戒律）。因爲擁有**明**，這些修行人有緣與未來佛相遇，並且聽聞開示，開悟解脫；但是，他們既然欠缺行，就很難有機緣與未來佛相遇，這是因爲在現階段佛法時期與未來佛之間有所謂的間劫階段（*antara-kappa*）。

在間（中）劫階段，這些眾生在感官的世界流蕩，也就是指一連串無止盡的存在與再生，並且只有當這些再生的眾生停留在快樂的天界，他們與未來佛相逢的機緣才可能確保下來。如果在間（中）劫的過渡階段，墮入低層的四界當中，這些眾生與未來佛相逢的機緣便不可挽回地失去了，因爲眾生一旦墮入低層的四界當中，便會在四界當中無止盡地輪迴轉世。

在今生中採取布施行爲的人，難得一見，他們的身業帶有瑕疵，言談不知節制，意念不清淨，因此，在行上有缺陷的人，一旦往生的時候，會生一股墮入低層四界的強大驅動力。雖然有些幸運的眾生會轉世到快樂的天界，可是，會因爲以前欠缺行，例如布施，以致吝嗇、生活上遇見困厄、刑

罰、災難，又會轉世到苦界。因為他們欠缺根本戒與八戒，與他人相處時，會引發爭論、吵架、瞋怒，再加上病痛、煩悶，所以會墮入苦界當中。因此，他們會在每一種境界中都感受到痛苦的經驗，凝聚了無法抗拒的動力，縮短了快樂天界的時間，墮入低層的四界當中。在這種情形下，這些欠缺行的眾生，想與未來佛相逢的機緣，實在非常渺茫。

根本的要點

簡單地說，根本的要點是，只有當一位修行人具足明與行的種子，才可能在來世，從世間的痛苦中解脫出來。如果只擁有明的種子，欠缺行的種子，例如布施與戒律，就會失去與未來佛相遇的機緣。另一方面，如果擁有行的種子，可是欠缺明的種子，就不可能從世間的痛苦中解脫出來，不可能與未來的佛法相遇。因此，今日的文句行者們，不論男女，想要與未來的佛法相遇，應該在現階段的佛法期間，藉由布施、戒律與禪定的修習來累積行；關於明至少藉由直觀四大元素的修習，確保與未來佛法的相遇，並且從世間的痛苦中解脫出來。

當我們說布施是行，就歸屬於信的範疇，而信是善人正法的一種，這屬於十五種行法的範疇。十五種行法為：

1. 律。

2. 六根的防護。

3. 飲食知量。

4. 警寤策勵。

5.~11. 妙法（善人的七種特質）。

12.~15. 四禪定—第一禪、第二禪、第三禪、第四禪。

這十五種行法是最高禪定者的特質。正如只修習直觀的修行人所須知的事項，他們應該去修習十一種行法，也就是不包括四禪定。

對於想要與未來佛法相遇的人而言，布施、戒律、布薩戒（懺摩）與七妙法是根本的修習事項。

對於想要在今生證得道與果的人而言，首先必須具足十一種行法，例如戒律、六根的防護、飲食知量、警寤策勵與七妙法。在此處，戒律是指正命的根本戒；六根的防護是

指眼、耳、鼻、舌、身、意六種感官的防護；飲食知量是指
攝取適當的飲食，來維持身體中有形物質的平衡，並且藉此
獲得滿足；警寤策勵是指不要在白天睡覺，祇在夜間三個時
段中的一個時段睡覺，其餘兩個時段則用來修習禪定。

七妙（善）法是指：

1. 信。

2. 正念。

3. 慚。

4. 愧。

5. 廣學。

6. 精進。

7. 智慧。

對於想要在今生變成預流道聖人的修行人而言，並沒有
需要特別去修習布施，而是讓那些在現階段的佛法時期當中，
沒有足夠的力量從世間的痛苦證得解脫的人，才特別去修習
布施與布薩戒。

修行的次第與等待未來佛的人

　　既然期待未來佛的人，他們的修行是爲了累積波羅蜜，就沒有必要嚴格遵循巴利聖典所展示的修行次第：戒律、禪定與智慧。換言之，他們不應該在圓滿戒律之前，鬆懈了禪定的修行，或者在具足禪定之前，延遲智慧的修行。面對七清淨道的次第：1. 戒清淨，2. 心清淨，3. 見清淨，4. 度疑清淨，5. 道非道清淨，6. 行道智見清淨，7. 智見清淨，他們不應該在前一階段未圓滿之前，便鬆懈了其餘清淨支的修持。既然他們儘可能地累積波羅蜜種子，就應該將戒律、禪定、智慧累積到達最極致。

不需要固守既定的修行次第

　　正如巴利聖典所陳述的，圓滿修習戒清淨之後，才可以修習心清淨，圓滿修習心清淨之後，才可以修習見清淨，圓滿修習見清淨之後，才可以修習度疑清淨，圓滿修習度疑清淨之後，才可以觀無常、苦、無我，這樣的修行次第是指，想要在今生中迅速成就道與果。然而，對於那些無法激起此種努力，只能累積波羅蜜種子的人，只須把握當下，因而不

能說在圓滿戒清淨之前，不能修習心清淨。甚至，在獵人、漁夫的例子中，也不應該要求他們放棄原本的職業，否則便不能修習禪定與直觀。有人會說，如此一來便會敗壞法。因此，這些獵人與漁夫應該憶念佛、法、僧的神聖特質，並且盡可能憶念身不淨的特質，默想自己與一切有情眾生終究會死亡。我曾經遇見一位漁夫，經過這樣的努力修行之後，在他從事漁夫的職業期間，就可以流暢背誦巴利聖典，《攝阿毘達摩義論》(*Abhidhammattha Saṅgaha*) 的註疏以及《發趣論》的〈緣起章〉(*Paccaya Niddesa of the Paṭṭhāna*)。這些成就便構成明的基本要求。

現在，每當遇見護持佛法的信眾，我都告訴他們，在眞正的比丘傳統中，即使職業是獵人、漁夫，他們仍舊應該全心全力憶念三寶的神聖特質與三法印。全心全力憶念三寶的神聖特質，就構成了行的種子；全心全力觀照三法印，就構成了明的種子。即使是獵人與漁夫也應該勇於去實修心靈的這些關注活動，而不是告訴他們，身爲獵人與漁夫並不適合修習禪定與直觀，相反的，應該協助他們渡過困難，獲得更佳的認識，並且激勵他們，持續地修行，當他們處於累積波羅蜜與善的趨勢階段，也應該讚美他們。

由於忽視當下的價值，而失去獲取「覺」的機會

有些老師，只按照表面、單一的意義來理解巴利聖典中七清淨的修行次第，忽視了當下的價值，甚至宣稱，除非先圓滿了戒清淨，否則的話，修習禪定與直觀，縱使費盡心力，也不會證得任何道果。有些不了解的人被這種說法誤導了，因而產生法障。

這些人不知道當下的本質，因而失去了證得明的機緣，這明的種子，只有遇見佛法的時候才可能證得的。即使在過去漫長的輪迴中，雖然佛法比恆河岸邊的砂粒還多，他們遇見佛法，卻沒有獲得明種子的基礎。這裡所提到的種子，是指足以長出健康、強壯幼苗的種子，當中還有許多不同的成熟度。

這裡也有不夠成熟的種子。一般人不知道他們持誦的意義，或者知道意義了，卻不瞭解正確的修行方法；或者依照習慣、傳統來數念珠，藉此憶念佛陀的神聖特質以及三法印，如此方式所獲得的種子是不夠結實的、不夠成熟的。如果機緣足夠的話，這些不成熟的種子，還是可以在來世繼續予以成熟的。

修行禪定，出現了**徧作相**(* 指禪定前所預備、覺知的相)，修習直觀，直到證入**色**和**名**，這就是充實成熟的種子。修行禪定，出現了**取相**(* 某種禪定的心的相，但仍不穩定、不清晰)，修習直觀，取得了**徧知智**(* 知三法印)，這就是更為成熟的種子。修習禪定，出現了**似相**(* 完全地清晰、不動的心的相)，修習直觀，產生了**生滅智**，這樣的種子就成熟到了極點。如果禪定與直觀能夠更進一步，就可以證得更成熟的種子，帶來更大的成就。

增上修行

巴利聖典指出，只有在以前佛法住世的時候，增上修行才會產生禪定，並且在接續而來的佛法時代中，證得道果，**增上修行** (*Adhikāra*) 是指**持續**的**種子**。現在，那些依照傳統修行方式度過一生的修行人，只有模仿禪定與直觀，並不屬於兼備禪定與明的種子而足夠稱為**增上修行**的人。

關於種子的這兩種型態當中，那些有緣遇見佛法，卻未能取得明種子的人，承受巨大的損失。這是因為明種子與**色法**、**名法**有關聯，並且只有在佛法中才能證得，只有當修行人足夠敏銳才會取得這些種子。因此，此時此刻的善男子、

善女人，終於發覺自己缺乏能力直觀、分析**色法**、**名法**，就應該窮其一生，專心致志於記住四大界的意義，加以研討，最後直觀四大界是如何在自己的身體當中構成。

正如在佛經與阿毘達磨論藏所呈現的，我們在此總結有關四種類別的人以及人的三種類型的論點：（一）身處佛法當中，卻沒有修習禪定與直觀的人，只是在模仿的儀式中虛度光陰，承受巨大的損失，如此一來，他們便是沒有善用生而為人，並與佛法相遇的獨特機緣；（二）處於未了行者與文句行者的時期，如果留心努力，他們可以獲得禪定與直觀的成熟種子，並且在今生或來世的天界，也就是在此時的佛法或下一次的佛法時代，很容易證得出世間法的利益；（三）處於佛法的時代，身而為人可以從此世的存在中獲得無窮的利益。

有關人的三種型類與四種類別的陳述，到此告一段落。

現世中的邪法：勸戒的話

如果三藏經典是佛陀四十五年說法的精華，根本要義的結晶就是三十七道品。三十七道品構成了三藏經典本質。如

果再加以濃縮，就是七清淨。如果再把七清淨濃縮，就是戒律、禪定、智慧。這些稱為增上戒學、增上心學、增上慧學，也合稱為三學。

　　一提到戒律，對於一般修行人最基礎的是根本戒，圓滿了根本戒，就擁有行，要是又擁有明，就能證得道與果。如果這些修行人能夠再兼持齋戒於日常戒 (nicca sīla)，就更完善了。對於一般人而言，日常戒就是活命戒，必須妥適地、信實地遵守。若是凡夫破了戒律，還是可以在餘生重新受戒，護守戒律。如果在未來當中，再度破戒，同樣可以再一次加以淨化，每淨化一次，這位修行人就可以再度擁有戒律。這種努力並不困難。每當打破日常戒，就應該立刻重新受戒。在今日，有很多人都具備了戒律。

　　但是，能夠在某一徧處或不淨觀禪修中，完美證入，或者對於物質現象、心靈現象、無常等，證入直觀的修行人，卻是非常稀少的。這是因為由邪法引起畏法的情形，非常普遍。

法障

所謂由邪法引起法障，是指這些觀點、修習與侷限不足以看清輪迴的危險，並且相信道與果是不可能證得的，這種信念一直到波羅蜜圓滿之前，會延緩修行的努力；相信現代的修行人，只能證得二因人（*dvi-hetuka* ＊指無貪、無瞋，但不能證得道果），相信過往的偉大導師並不存在。

縱使尚未證入究竟，沒有任何一種善業會白白浪費掉的。如果作了努力，對於那些欠缺波羅蜜的人而言，一個善業就是產生波羅蜜的工具。如果不作任何努力，獲得波羅蜜的機緣也會失去。如果這些波羅蜜不夠成熟，只要努力，他們的波羅蜜就會變得紮實、成熟；並且在現今佛法的來世中，證得道與果。如果缺少努力，成熟波羅蜜的機緣也會喪失。如果這些波羅蜜成熟了，又能夠努力向前，就可以在今生證得道與果，如果缺少努力，那麼證得道與果的機緣就會失去。

如果是二因人加以努力的話，他們就可以在來世成為三因人（＊無貪、無瞋、無癡）。如果他們不努力的話，就不可能從二因的階段超昇出去，反而會落入**無因**（*ahetuka* ＊再生於無任何善的根基）。

在這個世界當中，有些人打算出家，剃度為比丘，要是

有人向他說：「你要抱著一輩子維持比丘身份，否則的話，就取消這個念頭！」這就是對於法的怖畏。

「我宣示，只要生起行善的念頭，就會帶來巨大的利益！」（*見《中部》第8經‧《損減經》）

佛陀如是說。輕賤布施的行為或布施的人，會引障礙自己的智慧。如果輕賤戒律、禪定、智慧的行為，或是蔑視修行的人，就會產生所謂的法障。如果產生所謂的智障，這個人就容易失去權力、影響力或者財富，在現世或來生中，也會淪入赤貧的困境。如果產生所謂的法障，這個人很容易在言行知覺上發生障礙，因而在現世或來生中，全然失去生存的價值。願一切有情眾生都覺悟！

有關生為人類的殊勝機緣，值得擺脫上述所提的邪法，並且在今生努力修行，以阻絕未來輪迴中通往四惡道，甚至可以藉由專心勤奮修習止觀，累積一些種子，得以從此生的痛苦解脫出來或從未來的佛法中解脫。

第一章 三十七道品

現在我應該精簡地陳述三十七道品，而這三十七道品應該由想要實修禪定與直觀的修行人，以精進和決心去修持，因而促成了在現世佛法中再生爲人類的殊勝機緣。

簡要地說，三十七道品共有七組，分別爲：

一、四念住。

二、四正勤。

二、四神足。

四、五根。

五、五力。

六、七覺支。

七、八聖道支。

按照定義，三十七道品所以稱爲**道品**，因爲他們是**聖道智**的組合，是**聖道智**，是足處（最近因）、資糧與根機。

第二章 四念住

念住的定義是全心全意、安穩地警覺。共有四種念住，分別是：身念住、受念住、心念住、法念住。

1. 身念住：意指全心全意安住在身體現象上，例如呼氣與吸氣。

2. 受念住：意指全心全意安住在感受上。

3. 心念住：意指全心全意安住在思想或精神的歷程上，例如有貪或者離貪。

4. 法念住：意指全心全意安住在觀法，例如五蓋等。

關於這四種念住，如果全心全意安住在身體的某部位上，例如吸氣與呼氣，就等於安住在一切事物上。因為修行人有能力依照他的意願專注在任何對象上。

安住意指如果一位修行人想要在吸氣與呼氣上專注一個小時，在這段時間，他的專注力仍然能夠穩定地固守在呼吸上。如果想要專注兩個小時，他的專注力還是會穩定地固著

兩個小時。由於思緒上的不穩定（尋，*Vitakka*），使得專注力從他固著的對象上脫離，這種情形是不會發生的。

有關四念住的詳細論述，請參閱《大念住經》^{（＊見《長部》}第二十二經）。

爲什麼要將心安住在吸氣與呼氣上，不要陷入其他的對象？這是因爲對我們而言，有必要集中控制**六識**，**六識**在過去無數無盡的輪迴中騷動地漂流。

我應該陳述得更清晰一些。心靈習慣從**六根**的六種對象中，迅速地從某一對象至另一對象。

例如無法控制心靈的瘋子，他不知道用餐的時間，毫無目的地四處遊蕩。父母親找到他，供他用餐，喫了五、六口，他就翻倒盤子，揚長而去，因此，不能好好享用一餐。到了這種程度，他已經喪失心神，甚至無法用完一餐。在交談的時候，因喪失心神，無法完整說出一句話。從談話開始、過程到結束，他都無法認同別人。他的談話，毫無意義，不能承擔世間的任何事務，也不能完成任何工作。這種人不能眞正稱爲人，他已經完全無知了。

如果這位瘋子遇到一位優秀的醫生，並接受了嚴苛的治療方法，將他綑綁和監禁，經過治療，變爲一位神智健全的正常人。經過如此的治療，在用餐的時候，他可以控制住心，那時候可以飽餐了。在其他事物上，他也可以控制得宜，就像其他人一樣，可以勝任工作，完整說出一句話。這就是一個例子。

　　在這個世界上，心智散亂的人，就像喪失心神的瘋子，直到他接觸到禪定與直觀爲止。就像瘋子雖然想用餐，僅僅吃了五、六口就推倒餐盤走開一樣；這些心智散亂的人，發現他們的心念四處飄蕩，這是因爲他們沒有辦法控制住。每當他向佛陀禮敬，憶念佛陀殊勝的特質時，就是無法把心念集中在這些神聖的特質上，反而逃到思想的其他對象上，所以甚至無法誦完「*iti pi so ...*」（世尊的確是……）的偈頌（*見《長部》《梵網經》、《沙門果經》）。

　　就像患有恐水症的人，口乾舌燥，四處尋找水源；當他找到一泓清澈的泉水，由於恐水症，還是逃走了。又像一位病人，面對一盤特別調理的豐盛食物，可是卻對這些食物反胃，無法下嚥，只好嘔吐出來。同樣的道理，這些人發現自

己無法有效地憶念佛陀的神聖特質，心念無法安住在上面。

如果讀誦「*iti pi so . . . . .*」偈頌，他們的心每一次都會飄蕩出去，使得讀誦中斷，如果他們重新開始讀誦，每一次都會中斷，縱使整日、整月，或整年去讀誦，就是無法誦完整個偈誦。而今，縱使他們的心四處飄蕩，還是誦完了，因為他們是從記憶中去讀誦整個偈誦。

同樣的，有些修行人計劃在齋戒日找一處安寧的地方，來觀想身體的三十二部位，例如**頭髮**、**體毛**等，或者憶念佛陀的神聖特質，不過，卻因為身處親友的團體中而中斷，這是由於他們無法控制心念，任由思緒起伏的緣故。當他們參加誦經活動，嘗試把他們的心念導向四無量心的禪定工夫，例如讀誦慈悲的經句。但是，他們無法控制住他們的心，思想無法集中，漫無目的地飄蕩，他們只是完成表面的讀誦行為而已。

這些事實充分顯示出，許多人在從事惡業的時候，極像心智不健全的人。

「心喜歡惡。」(*見《法句經》第116偈)

正如水自然地從高處流往低處，有情眾生，如果放任心不加以控制，會很自然地趨向於惡，這就是心的傾向。

現在，我應該舉出幾個例子，來說明沒有能力控制心的人與上面提到的心智不全的人之間的比較。

這裡有一條急湍的河流。一位不熟悉如何掌舵的船伕，隨流而下，他的船隻裝滿了下游城鎮買賣所需要的有價商品。當他隨流而下，經過沿岸都是山谷森林的地區，而無法下錨卸貨，因此，他又繼續隨流而下，無法靠岸。當黑夜降臨，他經過可以停泊的村鎮，卻由於身陷黑夜之中，無法看見這些村鎮，於是又繼續不停地順流而下。破曉時分，當他抵達有村鎮的地方，由於沒有能力掌控船舵，無法向岸邊推進，下錨靠岸。因此，他迫不得已又隨流而下，最後航向汪洋大海。

無止盡的輪迴就像這條急湍的河流，無力控制心念的眾生就像無力掌舵的船伕，心靈就像船。在沒有佛法的空世界中，從某一存在漂流到另一存在的眾生，就像船伕途經沿岸盡是山谷與森林的地區，缺乏靠岸的碼頭。有時生在有佛法

的世界，卻沒有機緣認識到，這是因爲他們處在八難之中，就像船伕途經有靠岸碼頭的村鎮，卻因爲天黑的緣故，沒有辦法看見。在另一段時間，他們在佛法中生爲人類、天人或梵天，可是，由於他們無力控制住他們的心靈，並且持續努力修持四念住的直觀法門，便無法確保修行的道與果，因此，依舊在輪迴中飄蕩，他們就像船伕看見村鎮靠岸的碼頭，可是沒有能力掌舵往前推進，因此，迫不得已航向大海。在無止盡的輪迴中，身處在有佛法的時期又能從世間的病苦中解脫出來的衆生，其數目超越了恆河沙灘的沙粒，這些衆生是經過四念住的修習，有能力控制住心靈，並且有能力將心念貫注於任何想要注意的對象上。

這就表現出沒有修習四念住的衆生，飄蕩的傾向或者**存在的趨勢**。當他們開始修習禪定與直觀的時候，才知覺到無力控制住心念的事實。

這些比較也可以運用到馴服公牛，以便上軛犁田、駕車，和馴服大象供國王驅使或上戰場打戰來做比喻。

在公牛的例子，年幼的小牛必須按時放牧和關在牛欄，

然後用鼻索貫穿鼻孔，並且綁在樁上，以利繩索的控制。接著，用牛軛加以訓練，當牠順從了牛軛的重擔，才能夠耕耘、拉車，因此能夠在商場賣出，獲取利潤，這是公牛的例子。

在這個例子中，就像這位主人的利潤與成就，決定於公牛接受馴服、順從牛軛後，能夠從事耕田與拉車工作。因此，身處現階段佛法時期的凡夫與比丘，他們的真實利益是依賴禪定與直觀的訓練。

在現今的佛法時期當中，修習**戒清淨**就像馴服小牛一樣，須先關在牛欄當中。如果年幼的小牛沒有關在牛欄中，牠會損毀別人的財產，因而帶給主人負擔。所以，如果一位修行人缺乏**戒清淨**，三業（＊指身業、口業、意業）就會騷動，順從世間的邪惡並且產生法中明示的惡業。

開發**身念住**的努力，也像馴服小牛，以繩索貫穿鼻孔，用樁綁住。當用牛樁綁住小牛後，主人想要小牛去哪裡，小牛就往哪裡，無法脫逃。所以，當用**念住**這條繩索把心靈綁在身體上，心靈就不會四處飄蕩，而是順主人的欲望，想往何處，就往何處去；在無止盡的輪迴中，心靈迷亂的習慣會

平息下來。

一位修行人，如果沒有先修習身念住，就著手修習禪定與直觀，這種情形就像一頭沒套上鼻索的公牛去耕耘或拉車，這位主人會發現無法依照自己的欲望來驅使公牛。因為這頭公牛還是狂野的，沒有套上鼻索，牠或是想逃走，或是想弄斷牛軛，掙脫出來。

相反的，一位修行人在將心靈轉過來修習禪定與直觀之前，就先行觀想身念住，淨化心靈，讓心靈平靜下來，那麼，他的專注力會很穩定，修行工夫會非常有成就。

在大象的例子中，一隻剛從森林帶出來的野象，首先要關起來，繫住牠成為一隻馴服的大象。因此，牠會被用木柵緊緊圍起來，直到馴服為止。當牠完全的馴服、祥和，便可訓練牠從事許多工作，來替國王服務。到了那個時候，牠才能在正式的場所被運用以及在戰場上驅使。

快樂感受的領域，就像一頭野象在森林中自得其樂。佛法，就像剛被帶出來的野象所進入的訓練場。心靈，就像狂野的大象。佛法中的**信心**與**意欲**，就像野象被拉往馴服大象

的訓練場。**戒清淨**，就像用木柵圍起來的地方。身體或身體的部位，例如吸氣與呼氣，就像圍住大象的木樁。身念住，就像把野象拴在木樁上的繩索。朝向禪定與直觀的前加行，就像大象的預備訓練工作。修習禪定與直觀，就像國王的遊行盛典或戰場。其他觀點的比較，現在可以輕易地辨識出來。

誠如我在瘋子、船伕、公牛、大象的例子中所指出的，按照古代的傳統教義，過去無盡輪迴中所出現的佛法揭示，身念住的重點，第一步是從修習**戒清淨**出發。

根本的要義是，無論是藉由呼氣或吸氣，或者四威儀（行住坐臥），或者止知，或者四大界（地水火風）的思惟作意，或者骸骨觀，一位修行人必須努力精進，希望在清醒的時刻，日以繼夜地專注用功，以便能夠把自己的專注力安住在身體及其姿勢上。如果可以隨心所欲，長久專注，那麼，就可以全然支配心靈了，因而可以從瘋了的狀態中解脫出來。現在，一位修行者就像船伕可以掌舵，或者像擁有馴服公牛的主人，或者像國王可以驅使受過訓練的大象。

支配心靈，有許多不同的方法與等級。在佛法中，成功

修習身念住是支配心靈的第一個階段。

那些不想通過禪定就追尋純粹直觀道路的修行人，是一條獨特的**乾觀者**(Sukkha-vipassaka)的道路(* 指僅僅修習直觀法門的人)，他們應該在成就身念住之後，就直接進展到直觀法門。

如果他們不想個別地修習身念住，而是想要以勤奮修習直觀法門，來領悟身念住，他們也會有所成就的。不過，他們真的必須充滿智慧與勤奮。身念住與**生滅智**(* 由觀察身心現象的生滅所生起的知識)息息相關，修行人可以清楚地看到生起與消逝，真的非常有價值。

在禪定的法門中，藉由修習呼氣與吸氣的身念住，一位修行人可以達到四禪中的色界；藉由修習身念住當中的**色之作意**，觀照身體的三十二個部分，例如頭髮、體毛……等，一位修行人可以達到八種正受(* 指八定)。同樣的，修習身念住的**不淨作意**，一位修行人可以達到初禪。如果在修習過程中，成就了直觀，一位修行人也可以達到道與果。

即使在修習禪定與直觀時沒有徹底證悟，如果一位修行人可以控制住自己的心靈，能夠隨意將專注力安住在任何地

方，按照佛陀的教誨，這種人還是可以品嚐到不滅涅槃的法味。

「沈浸身念住的修行人，可以享受涅槃之樂。」(* 見《增支部》第一冊・不滅品・第二十經)在此，涅槃是指心靈的大平靜或澄澈。

從原始的狀態來看，心靈的傾向是非常不穩定的，而其本質是燥熱的。就好像生活在辣椒種子內的昆蟲不知道辣椒的辛辣，追逐愛欲的眾生不知道愛欲的灼熱，容易受憤怒與驕傲支配的眾生不知道驕傲與憤怒的燥熱，因此，眾生不知道不安心靈的燥熱；只有藉由身念住，心靈的不安消除了，才會意識到不安心靈的燥熱。想要消除這種燥熱的現象，他們開發出對於燥熱現象重新復發的畏懼。在已經達到初禪或生滅智的修行人的例子中，他們藉由身念住已經消除這種燥熱現象，不需要再去精心經營什麼了。

因此，一位修行人的成就愈高，就愈難與身念住分離。聖人們將四念住視為心靈上的營養品，直到他們證入涅槃。

一位修行人有能力把專注力安住在身體的某些位上，例如安住在吸氣與呼氣上，長達一小時或兩小時，那麼，這位

修行人就有能力在七天，或十五天，或一個月、兩個月、三個月、四個或五個月、六個月、一年、或二年，或三年當中，把修持的工夫帶入頂點，不過這必須視這位修持人的努力程度。

有關修習吸氣與呼氣的法門，可以參閱我的作品《觀呼吸手冊》。

有關觀想身體三十二部分的法門，過去的諸位導師已經寫下許多作品了。這個部門當中，頭髮、體毛、指甲、牙齒、皮膚，是眾所皆知的**皮的五法**（皮膚在這組中是最後一個，因此這樣稱呼）；如果安住在這五個部位，修持身念住就算圓滿成就了。

至於**四大**的分析、**色**（身體現象）的直觀以及**名**（精神現象）的直觀，可以參閱我的作品《諸相手冊》、《明道手冊》、《食物手冊》以及《無我手冊》。

在此簡略地陳述了身念住法門，這是四念住的一種，並且是**未了**的行者與文句的行者想要證入佛法**道與果**，首先要確立的修習工夫。

四念住部份，就到此結束。

第三章 四正勤

正勤的定義是：能夠非常地努力實踐，稱為**勤奮** (pādhana)；能夠適當地、非常努力地實踐諸法，稱為**正勤** (Sammāpadhāna)。

沒有任何不情願成分的努力，稱為正勤，也可以稱為**熱切的精進**。這種努力會引起身心巨大的痛苦。而這種努力具有四項特徵。這四項特徵：

「寧可讓我的皮膚、筋肉、骸骨乾枯，寧可讓我身內血肉涸竭，我都不曾放棄精進地努力，直到自己證得以人類的能耐、努力與勇決精進所能證得的境界為止。」(*見《增支部》二集‧刑罰品)

這些特徵可以精簡方式表達如下：

1. 寧可讓皮膚乾盡。

2. 寧可讓筋肉乾盡。

3. 寧可讓骸骨乾盡。

4. 寧可讓身內血肉涸竭。

這種努力會喚起一種決斷力量：「如果以人的努力可以證得終極真理，那麼，在尚未證得之前，我決不會放逸。」首樓那尊者（*Soṇa* ＊參見《律藏》大品・第五・皮革犍度；*Sammohavinodanī Aṭṭhakathā P.159* 《分別論註疏》）以及護眼尊者（*Cakkhupāla* ＊參見《法句經》第一偈故事的主角）就是發揮這種精進努力的典範。

　　只有當一位修行人已經按佛陀一生所教誨的，窮其一生努力精進了，可是還是沒有證得禪定、道、果，那麼，才可以說未能證得的原因是這個時代的本質上，或者這個人是二因人的緣故（＊只有兩種無貪、無瞋的根本條件），或者過去世缺乏足夠的波羅蜜。

　　在這個世界上，有些人與佛陀所指示的精進程度，相距甚遠，他們甚至不想嘗試修行，以便有效地安住在身至念（＊觀身體三十二種成分），來治療盲目飄蕩的心靈；他們說，他們之所以無法證得道與果是時代使然。有些相同狀態的人則說，現階段的男眾與女眾，缺乏足夠的波羅蜜，可以讓他們證得道與果。還有些相同狀態的人表示，現階段的男眾與女眾是二因人。這些人之所以會如此說，是因為他們不瞭解處於未了行者階段的人，是由於缺乏正勤，才無法證得道與果。

如果適切的正勤，再加上**專心致志** (*Pahitatta*)，一千位修行人付諸實踐，其中會有三百、四百或五百位修行人付諸實踐，那就有三十、四十或五十位修行人可以證最高的成就。在此，**專心致志**是指「**終其一生努力不懈，縱使犧牲生命，還是努力不懈。**」

　　首樓那尊者的努力情形是，在雨安居的三個月當中長坐不臥、警醒不寐，只有採用禪坐與經行；護眼尊者努力的情形也是一樣的。弗沙天尊者 (*Phussadeva* ＊參見《*Sīlakkhandha-vagga Aṭṭakathā, P.159* 戒蘊品注疏》；*Mūla-paṇṇāsa Aṭṭakathā, Satipaṭṭhāna Sutta Vaṇṇanā, P.262*)，經過同樣的勤奮，努力二十五年之久才證得道與果。在摩訶濕婆尊者 (*Mahasiva* ＊參見《長部》〈帝釋天所問經〉) 的例子中，他則精進努力了三十年。

　　在現階段的時代中，特別需要這種正勤的努力典範。勇於精進的行者，往往缺乏充份的經教基礎，而有經教基礎的行者，往往身陷比丘俗務的障礙中，例如他們居住在村落中，需要論法、開示與著述。這些修行人是難以在一段長時間中毫無間斷地正勤。

有些人會說，當他們的波羅蜜成熟了，時機到了，他們就可以輕易從世間的痛苦中解脫。因此，當他們還沒有辦法確定這種努力是否會獲得解脫，是不會付諸努力的。他們很顯然沒有比較三十年努力所產生的痛苦，與未來可能會面對的痛苦，誰重誰輕。這種未來的痛苦是，如果萬一在證得解脫之前，墜入地獄十萬年的話。他們很顯然沒有想到，三十年的努力精進所引起的痛苦，遠比不上僅停留在地獄三個小時的痛苦。

他們可能會說，如果經過三十年的努力還是沒有證得解脫，情況還是一樣呢？但是，如果這位行者機緣成熟了，就可以解脫，藉由精進努力，他可以證得解脫；如果還沒有成熟，他可以在來生證悟解脫。縱使他們沒有在今生佛法時期中證得解脫，由於心靈一再精進所產生的積聚業力 (*bhāvanā-āciṇṇa-kamma*) 是一種有力量的業。藉由這種業力，他可以避開三惡道，而且可以在善趣再生之後，遇見未來佛。對於那些不願付出努力的人而言，縱使他們機緣成熟了，經過三十年的努力就可以證得解脫，卻因為不願努力精進而失去解脫的機緣，他們沒有獲得什麼，並且失去一切。因此，願一切眾生獲得**慧眼**，並且警悟到危機。

正勤共有四種，分別是：

1. 已生惡令滅。

2. 未生惡令不生。

3. 未生善令生。

4. 已生善令增長。

已生惡業與未生惡業

在輪迴中飄流的眾生中，都具有兩種惡業，稱為：已生惡業、未生惡業。

已生惡業是指過去與現在的惡業，其中，包括了在以前輪迴所作的惡行。在這些惡業中，有些人在三惡道中轉世，荒廢時日；有些人在三惡道期待轉世機緣，投生三惡道是長劫受苦難的。

每位深陷身見的眾生，無論是人類，或是天人，或者梵天，都儲存了過去無盡的罪債，因為如此的惡業具有潛能會再淪入最底層的無間阿鼻地獄。同樣地，他們還含藏其他的業，可以轉世到其他的三惡道。這些過去的業等到機緣成熟，

可以轉世投生，並且生生世世伴隨，一直到這些業報被清除為止。這就是所謂的已生 (uppanna)。

這些過去的已生惡業是根植在身見當中，只要身見存在，還沒有產生業報，這些惡業就不會消失。可是，當直觀到無我，行者就可以消除身見。從當刻起，一切已生惡業都失去了潛能，並且從儲存過去惡業的庫藏中消失。從此以後，行者就不會在未來的輪迴甚至夢境中，再轉世到三惡道。

未生惡業是指未來的惡業。從今生的下一個刹那開始，不論是今生與來世的機緣裡，一個人將要作的一切新惡行，都稱為未生 (anuppanna)。一個人在今生所作的新惡業會綿延無數個世代。

所有這些未生惡業都根基於身見。

一旦身見消失，一切將要造的新未生惡業會在刹那間消失，沒有留下任何痕跡。在此處，消失是指將犯的惡業當下失去在未來延續的生命與輪迴中現起的機緣。在來生的輪迴中，這些眾生，即使在夢中也不會犯下諸如殺生等惡業。

如果身見依舊存在，即使他是宇宙之王，操控了整個宇宙，他還是夾在前後的地獄之火當中，受到已生惡業與未生惡業的包圍。因此，他純粹是地獄熱火裡的生命而已；同樣地，帝釋天，忉利天的天王，色界、無色界梵天的梵王，都是地獄熱火裡的生命。他們是被地獄與三惡道鉤住的生命，在輪迴的大漩渦中，沈浮不定。

在無止盡的輪迴中，眾生必須開發出想要遇見佛法的欲望，不過，這是非常難以達到的。在已生惡業與未生惡業的地獄火焰前後包夾之下，他們必須堅決地將這些火焰撲滅。因此，那些遇見佛法的眾生，爲了未來的福祉，唯一的任務便是撲滅未生、已生的地獄火焰。

消除已生惡業、未生惡業的任務，就是徹底擺脫一個人的身見。如果身見根絕了，這兩種惡業就會完全消除。

證入預流道果的聖人，例如毘舍佉 (Visākhā) 與給孤獨長者 (Anāthapiṇḍika)，已經在人類、天人、梵天轉世無數次了，可是，從根除身見的刹那開始，他們就從輪迴大漩渦的漂流中解脫出來。他們是證得第一階段涅槃的眾生，稱爲有餘涅槃 (*

^{五蘊依舊存在的涅槃}）。雖然他們還會輪迴，卻不再是凡夫，他們是出世間的聖者。

在此處結束了有關已生惡業與未生惡業的討論，而預流果聖人是從這兩種惡業中解脫的。

已生善業與未生善業

現在我將善業分為已生善業與未生善業。首先是關於戒、定、慧三學，其次是關於戒清淨、心清淨、見清淨、度疑清淨、道非道清淨、行道智見清淨、智見清淨。

當我們說，輪迴非常可怕，因為已生與未生的惡行（duccaritas）是以身見為基礎的。所謂的沒有隱蔽處，沒有天堂，無處可依，因為惡行與身見是相同一致的。

當身見根除了，新舊的惡行，也就滅絕了；當新舊的惡行滅絕了，就可以從三惡道的輪迴中解脫，只剩下生為人類、天人或梵天較高的境界。既然眾生為了保證可以從三惡道與新舊惡行中解脫出來，因而想找尋佛法。現在，遇見佛法了，就要根除身見大惡。

眾生的**身見**，立基於三種層次：

1. 犯罪（*Vītikkama*）。

2. 纏煩惱（*Pariyuṭṭhāna*）。

3. 隨眠（*Anusaya*）。

這三種層次是**身見**的領域，可以分別稱為粗糙的身見、中等的身見，與微細的身見。

現在我將指出十種，惡行的身見種子，是如何成為身見？

犯罪的粗糙身見是藉由公開的言行構成惡業，纏煩惱的中等身見是發生在思想中的罪惡，隨眠微細身見的罪惡是經由無盡輪迴而含藏在眾生中的自我裡。不過，這種罪惡還沒有在行為，言語或思想中顯現出來。

我們可以用火柴盒的三種火焰加以說明。第一種火焰隱藏在整個火柴盒當中；第二種是火柴磨擦後點燃的火焰；第三種火焰是藉由與火柴的火焰接觸，擴散到其他對象上，這種火焰是燃燒垃圾堆、衣物、房屋、寺院、村落的火焰。

擴散到其他對象的火焰，就像是粗糙的**犯罪身見**。火柴

燃燒的火焰，就像是中等的**纏煩惱身見**，每當碰觸到思想的對象時候，才會在心靈中顯現出來。火柴盒含藏的火焰，就像是細微的**隨眠身見**，藉由無止盡的生命輪迴，潛藏在有情的生命中。

含藏在火柴盒中的火，只要火柴的頂端沒有與火柴盒上硝石的表面摩擦，就不會迸發出火焰。縱使與火藥等易燃物放在一起，也不會引起任何的傷害。同樣地，**隨眠身見**，只要不與惡的思想對象或其他惡之因接觸的話，就會長埋在人身當中，不會顯示出來。不過，當惡的思想或其他惡因，進入六根當中，**隨眠身見**就會被擾亂，因而顯現在意根當中，或者經過意志的作用，發生在**纏煩惱**的層次。在這個時候，如果能以善巧的教誨來克服這些徵兆，它們就會從**纏煩惱**的層次消失，退回**隨眠**的層次，宛如潛在的本性一樣，停留在那裡。如果無法加以克服，它們會持續以意志的作用顯現出來。如果它們（在「纏頭惱」的層次）進一步被擾亂，就會以惡言或惡行的形式顯現出來。

在這個世界上，如果一位修行人可以在**犯罪**與**纏煩惱**的層次上自我控制；並且，如果他的行為、言語與思想，因此

而潔淨、不受污染，這個人可以稱為善良、虔誠或者有道德的人。但是，這種人沒有覺察到**隨眠**的層次。如果**隨眠**層次還沒有根除，縱使在**犯罪**與**纏煩惱**的層次上加以完整的控制，這種控制只能是一種暫時性的。如果這個人強而有力地遵行良好的規範，這種控制可以延續一生。但是，來生無法確定依舊如此，因為犯罪、**纏煩惱**這兩個層次可能再次浮現。

貪、瞋、癡也各有三種層次。為了徹底摧毀身見的這三種層次，人們必須在戒、定、慧三學上勤奮精進。他們必須修習七清淨。

正如一般人所理解的，戒律是指**活命戒**（*Ājīvaṭṭhamaka-sīla*）。**布薩戒**（八關齋戒）與十戒則是常戒的精緻化。能夠觀照這些戒律是一件好事，如果不能觀照，也不會有太大的麻煩。對身穿黃袈裟的行者，**活命戒**與十戒構成所謂的戒律。**八關齋戒**則包括在十戒當中。對於比丘而言，**四徧淨戒**（即比丘戒）。（* 指波羅提木叉、活命遍淨戒、根律儀戒、資具依止戒）構成了所謂的戒律。

由於全心全意安住在身體（如吸入呼出）與骸骨上所生起的徧作定、近行定、安止定（也稱為八定），構成了禪定。

四種世間的清淨（* 即見清淨、度疑清淨、道非道清淨、行道智見清淨）從見清淨開始與出世間的智見清淨結合，構成了智慧。

在身見的三種層次當中，戒律可以摧毀犯罪的層次，這就意謂著如果一位行者擁有戒清淨，言行舉止上的身見就不會生起。禪定可以摧毀纏煩惱層次上的身見，這就意謂著如果修習作意（* 即制心一處）已經安住了，思想上的身見就不會現起。智慧可以根除隨眠層次上的身見，這就意謂著如果直觀證得，整個身體指是名、色的聚合，只是無常、苦、無我的聚合，依照人、有情、常、樂、我方式顯現出來的潛在身見，就會消逝殆盡。只要這種隨眠身見依舊存在，由戒律所摧毀的犯罪層次，以及由禪定所摧毀的纏煩惱層次，都只是暫時現象而已。

區分已生與未生有兩種方法：

一、 以今生為起點的區分。

二、 以過去輪迴為起點的區分。

現在我將陳述以今生為起點的區分方法。在今生從未修習戒律的人，不具有已生戒律；在今生或某段時間修習戒律，

這種戒律是已生的。同樣地，禪定與智慧的例子中，過去已經證得的，稱為已生，過去從未證得的，稱為未生。

在以過去輪迴為起點的區分方法中，共有兩種戒律，也就是**世間戒律**與**出世間戒律**。**世間戒律**是已生的，因為任何一位眾生在過去輪迴的某段時間，不會沒有修習過**世間戒律**。但是對於凡夫而言，**出世間戒律**是未生的戒律。

禪定也有兩種，稱為**世間禪定**與**出世間禪定**。既然**世間禪定**在過去輪迴中已經證得了，就稱已生。對於凡夫而言，**出世間定**是未生的。

智慧也有兩種，稱為**世間智慧**與**出世間智慧**。見清淨、度疑清淨、道非道清淨、行道智見清淨，是**世間智慧**。這些**世間智慧**，對於那些在過去生中遇見佛法的人而言，是已生的，不過，對於從未遇見佛法的人而言，是未生的。

智見清淨是**出世間智慧**。對於凡夫而言，**出世間智慧**是未生的，因為在過去輪迴中從未曾證得**出世間智慧**。

現在我將陳述**精進**的四種要義。

只有遇見佛法，一位行者才會生起徹底自我檢查舊的已生惡業的機緣。只有遇見佛法，一位行者才會生起制止一系列存在所呈現的**新惡業**的機緣。輪迴無限，如果一位行者沒有遇見佛法，就沒有機緣檢查這兩種惡業。因為自我檢查這兩種惡業的工作；與根除**隨眠**層次的**身見**是一致的。而且，根除隨眠層次的身見，是一種**無我的禪修**。只有當一位行者遇見佛法，才會生起這種**無我的禪修**(*Anatta-bhāvanā*)。

　　授記為獨覺佛的人，與佛法相遇的時刻，首先需要的是取得**無我的禪修**的種子。一旦佛法在世界上消失了，即使是**無我**的聲音也都聽不見。所謂**無我**的聲音，是指色、名、蘊、處、界與緣起的聲音；整部阿毘達磨論藏充滿**無我**的聲音，整部論藏注疏也是一樣的。

　　無我的禪修，首先需要具足戒清淨，然後安住在**身至念**上，之後，淨化並且控制自己狂妄不安的心靈，在禪定與直觀上努力精進。只有透過這種努力，才能根除**隨眠**層次的**身見**，所有**已生身見**、**未生身見**與惡行才會消除殆盡。

　　讓未出現的善業出現，以及讓已出現的善業增長的精進

努力，是指安住身至念之後，圓滿具足**無我的禪修**的努力。

已生戒律與未生戒律

未生戒律，是指在過去無數輪迴中從未在凡夫眾生出現的戒律，包括了**正語、正業、正命**，這三種戒律納入所謂的**預流道**當中，並且以涅槃作爲他們的目標。這種戒律摧毀了在行爲、言語上流露出來的惡行，以及錯誤的維生方式。從摧毀的刹那開始，在行爲、言語、維生流露出來的惡行就不會再出現了；即使以後的生生世世當中都不會再出現了。

當一位行者成功地修持**無我的禪修**，才會證得這種出世間的戒律。身處佛法時代，眾生就必須努力去成就這種**未生戒律**。這就意謂著，從建立**戒律清淨**的刹那開始（*與「身至念」一起修持），一直到圓滿具足**無我的禪修**，眾生必須努力修習（毫無鬆懈）三十七道品。

在過去無數輪迴中經常出現的**已生戒律**，是指**世間戒律**或**欲界戒律**。當我們說，一位行者必須努力達到戒律的穩定狀態，我們必須知道**世間戒律**有兩種層次，也就是指**定法**(niyāma)與**不定法**(aniyāma)。聖人的境界，就是**定法**的層次，

凡夫的境界，就是不定法的層次。

在預流道的聖人中，**欲界世間戒律達到定法的層次**。預流道的聖人，縱使在夢中也不會違犯**活命戒**，經過輪迴，終於證得完全的涅槃。

不過，在一般凡夫，**欲界世間戒律還是處於不定法的層次**。這些凡夫在過去無數的機緣中，已經是具有德行、倫理的修行人，他們曾在無數的三惡道中受難；而在其他的無數機緣中，他們曾經是有德行的仙人與比丘。然而，在過去生中，他們未曾從墜入三惡道的危機中解脫出來。甚至現在，身處三惡道的眾生，還是難以計算的；瀕臨三惡邊緣的人類、天人、梵天，也是難以計算的。

因此，具足**欲界世間戒律**的眾生，還是**不定法**，也就是說還是處於暫時擁有的時刻，正當佛法的時代，他們應該轉化為**定法**。他們應該安住**身至念**，一旦成就了，就應該修習三十七道品，一直到圓滿成就**無我的禪修**為止。

有關善業的兩種戒律，就說到此。

已生禪定與未生禪定

禪定也有兩種層次，就是定法的禪定與不定法的禪定；同樣地，智慧有兩個層次，也就是定法的智慧與不定法的智慧。

當一位修行人達到**阿那含**的境界，**安止定**才是定法的禪定，而這種**安止定**是八種定或九種定（*八定加上滅盡定）。而只有證得阿羅漢境界，如如不動的智慧才變成定法的智慧。

現在我將陳述**預流道**聖人所契入的禪定與智慧。

正如《有明大經》（*《中部》第四十三經）所說：「預流果道上的正精進、正念、正定，是以涅槃為目標，因而稱為出世間的禪定。」

這三種禪定（*指遍作定、近行定、安止定）是依**捨斷**（*samuccheda-pahāna*）的力量，堅決地根絕貪婪、瞋恚的內在邪惡，而這種邪惡是以邪精進、邪念、邪定為根源的。從捨斷的剎那開始，縱使再經過輪迴，這種貪婪、瞋恚的內在邪惡不會再生起了。當顯現**無我的禪修**時，這種禪定只能在佛教中才能成就的。

因此，現在他們遇見佛法了，眾生應該在與佛法緣盡之前，努力去證得未生禪定，切勿懈怠。這就是說，從身至念開始，他們應該修習三十七道品，一直到成功地具足證得無我的禪修。

過去無數輪迴的已生禪定，包括了欲界禪定、色界禪定以及無色界禪定。當我們說，努力精進以形成定法的已生禪定，就必須知道世間禪定有兩種層次，也就是定法與不定法。聖人所擁有的世間正精進、正念、正定，是建立在定法的層次。以後的來生，乃至最後證入涅槃，這些聖人即使在夢中，貪婪、瞋恚等邪惡行為都不會生起。

凡夫所擁有的世間禪定，是在不定法的層次。在無數的過去輪迴中，這些人曾經是入定的凡夫、入定的仙人、入定的比丘，在多生累劫中，擁有飛天入地等等的禪定與神通力。每個世界系統的生命週期，可以分為四個劫 (kappas)，每一劫都是漫長的。在這些劫當中，這些凡夫曾在梵天中是梵王。每一個這種世界系統當中，也都會出現三惡道。相同類型的梵天充滿這些三惡道，沒有別的眾生。這些眾生曾經是梵天王、餓鬼、地獄的眾生、畜生以及阿修羅。從無盡漫長的輪

迴來看，每個世界系統的生命週期，就像一轉眼之間而已。

因此，趁我們還身處佛法的機緣當中，努力將不定法的世間正精進、正念以及正法（在過去無盡機緣中所獲得的），改變為定法的世間正精進、正念、正定。一旦安住身至念之後，我們必須修習三十七道品一直到圓滿成就無我的禪修。

有關善業的兩種禪定，就說到此。

已生智慧與未生智慧

正如《有明大經》所說：「預流果道上的正見與正思惟，是以涅槃為目標，因而稱為智慧。」

這種智慧摧毀了隨眠層次的身見，並且以捨斷的決定力量清除一切邪見、邪思惟的遺跡，堅決地斷除惡行、邪命。邪業的舊庫藏也會完全消除，進而從三惡道的輪迴中解脫出來。從此刻起，邪見惡行的罪惡，在未來生中不再生起。

只有在佛法中，當無我的禪修生起了，智慧才會生起。因此，已經遇見佛法的眾生應該在佛法還存在的時候，努力

證得這種未生智慧。這就是指，從身至念開始修習三十七道品，一直到圓滿具足無我的禪修。

聖人的世間正見、正思惟是建立在定法的層次上。從他們安立的刹那開始，經過一系列的生化轉世，一直到證入涅槃為止，這些聖人都擁有業自性的正見智、經教智、實踐智以及四聖諦。

不過，凡夫所擁有的世間智慧是建立在不定法的層次。凡夫在無盡的輪迴中飄蕩，他們有時候在法中修習，有時候從修習中獲得聲譽，有時轉世成為大長老、大物理學家，其他時刻，他們也會生為蝸牛、蛔蟲、水蛭、蝨子、昆蟲、蛆、扁蝨等生物，只求生存而已。

因此，當眾生有緣遇見佛法，必須努力精進，以便將不定法的智慧（＊短暫或刹那間擁有）轉變為定法的智慧。這就是指，從身至念開始修習三十七道品，一直到圓滿具足無我的禪修。

有關善業的兩種智慧，就說到這裡。

長久以來，經過無盡的輪迴，身見已經在我們的人格中

塑造出來了，未被摧毀，而貪、瞋、癡等煩惱依舊激烈、雜多、有力。它們可說是住在我們心中的原住民。在這種情形下，作為這些煩惱敵人的戒律、禪定與智慧，反而像是偶而造訪的客人。他們的造訪就像外來敵人侵入阿羅娑迦鬼 (Āḷavaka) 食人國（*見《相應部》〈夜叉相應〉的〈阿羅毗經注〉）這些食人鬼，個個孔武有力。以前，外來的侵入者往往淪為這些鬼的食物，住所也被摧毀。曾經有一次，五百位入定的仙人，從須彌山來到阿羅娑迦鬼住處，這些食人鬼逐一抓住仙人的腳，丟進恆河當中，五百位仙人就這樣被消滅了。

因此，凡夫、仙人與比丘們，有幸在今生遇見佛法，並且期望來生脫離罪惡，又希望在他們身上安穩建立諸如**戒律清淨**的法，他們應該以適當的正勤修習四念住，來摧毀**隨眠**層次的身見。

如果他們希望從愚癡中解脫出來，而這種愚癡是指陷入缺少智慧的黑暗當中，以及拔除了對佛法僧神聖特質的憶念和弘揚佛法的尊貴情操，在來生中，沒有留下任何的痕跡；如果他們希望從巨大的**邪法**中解脫出來，而這些**邪法**曾在過去無盡的輪迴中，引導他們去親近、禮敬一切假的佛法。因

為，對於凡夫而言，他們不認識真實的佛、真實的法、真實的僧。如果他們希望從今生今世開始，證得信、證得慧，並且，藉此可以生起禮敬之情來對待真實的佛、真實的法、真實的僧；如果他們希望這一切成為定法，就必須以適當的正勤修習四念住，來摧毀隨眠層次的身見。因此，適當的修習正勤，是指諸如「寧可讓皮膚、骸骨乾枯等」的堅決來完成的。

有關正勤的陳述，在此結束。

第四章 四神足

　　現在我將簡要描述**神足**(*iddipādas*)，這個字的解釋是：**證得圓滿的境界**(*ijjhanam iddhi*)。

(* 依照 *PTS* 巴利字典的説法，「*iddhi*」此字在英文中找不到對應字，因為在歐洲並沒有這樣的觀念，也沒有單獨使用的「*iddhi*」，其主要的意義是指一種能力。而根據本文的脈絡，無論是「*iddhi*」或「*iddhipadas*」並不是指超自然的神力，而是指在法上修持的成就基礎。本譯文中，將「*iddhi*」譯為「如意」，「*iddhipādas*」譯為「神足」，以示區別。)

　　在佛陀的教法中，總共有五種**如意**(*iddhi*)，分別是：

　　對於諸如名、色等需要特別的知識，達到圓滿的境界。

　　對於諸如苦聖諦等需要全面瞭解的事物，達到圓滿的境界。

　　對於諸如集聖諦等需要斷絕的事物，已證入斷絕的圓滿境界。

　　對於諸如滅聖諦等需要實現的事物，已經證得的圓滿境界。

　　對於諸如道聖諦等需要發展或培養的事物，已經達到發展的圓滿境界。

在佛陀的教法中，有五種根本的如意。

神通如意（*abhiññāsiddhi*）是指：圓滿地分析認知第一義諦的數目與意義，而一位修行人要是沒有認識到第一義諦，就會逾越佛法的範圍。通盤瞭解阿毘達摩論疏（阿毘達摩是一切根本理論的精髓），就等於是**神通如意**。

徧知如意（*Pariññāsiddhi*）是指：經由相（*lakkhaṇa*）、作用（*rasa*味）、現狀（*paccupaṭṭhāna* 現行）、近因（*padaṭṭhāna* 足處），或者經由他們具有的**無常、苦、無我**三法印，來圓滿瞭解**苦聖諦**。

捨斷如意（*Pahānāsiddhi*）是指：圓滿摧毀煩惱的**集聖諦**。本書主要的重點是放在證得最低層次的預流道聖人（*Sotāpanna*），而不是較高果位的聖人。圓滿摧毀**身見**，就是**捨斷如意**。去除**疑**的工作是包括在摧毀**身見**的工作當中。

現證如意（*Sacchikiriyāsiddhi*）是指：身心雙方面都圓滿地實現**滅聖諦**。這種工作包括了煩惱的壓制與破壞。

修習如意（*Bhāvanāsiddhi*）是指：開發戒、定、慧三學，一直到證得、滅苦出世間的**道聖諦**。

如果按照清淨道的次序將如意加以分類，圓滿成就戒清淨中的**四徧淨戒** (*catupārisuddhi*)，就具足**四如意**；在心清淨中同時圓滿成就八正定、**徧作禪定** (*Parikamma samādhi*)、**近行禪定** (*upacāra samādhi*)，就具足了**八如意**；圓滿成就五種世間神通，諸如神變能力，就具足了**五如意**；在慧清淨中，圓滿成就**見清淨**，就具足了**一種如意**。依照此種方式，就可以認識到更深一層的如意。

　　有關佛法中的陳述，在此告一個段落。

　　神足 (*iddhipāda*)，這個字的意義是：「證得圓滿的根基，就稱為神足」。

　　神足共有四種，分別是：

　　欲神足。勤神足。心神足。觀神足。

　　欲 (*chanda*) 是指，想要證得圓滿的欲望。此處所指的欲望是一種極端的或過度的欲望，這不是任何事物或人可以阻絕的欲望。這種欲望會引起這種念頭：「如果我今生沒有證得這種圓滿狀態，我是不會安心滿足的；要是無法證入，我寧願死亡。」

迦葉佛時代（喬答摩佛之前的佛），波羅奈城的法泉王 (Dhammasonda)(Rasavāhini, Jambūdipuppatti -kathā) 就具備了這種欲望。法泉王向自己說：「如果我沒有機緣聽到迦葉佛的教誨，身爲波羅奈城的國王有什麼用？」因此，這位國王放棄了王位，找尋可以持誦迦葉佛教誨的修行人，縱使這種教誨只是短短的一句偈頌而已。

　　如同在頻毗婆羅王（*參見《小部》〈戶外經〉）、毘舍佉居士以及給孤獨長老者（*參見《法句經注疏》第1偈頌）的例子中，如果這種欲望圓滿了，才會安息下來。只有當這裡有些微的暗示指出，這種欲望是可證得的，只是還沒有具足圓滿，此時心靈會迷惑，並且會生起一種，與其無法滿足這種欲望而活下來，不如去死的念頭。

　　在多彌亞王（Temiya *參見《本生經》〈啞躄本生譚〉J.538）、護象王（*參見《本生經》〈護象本生譚〉J.509）以及佛陀住世時候的許多國王、賢人、富人，也都還有這種欲望，他們捨棄了皇宮、隨從以及其他的生活奢侈品，來到佛陀的僧團中生活。

　　勤 (viriya) 是指帶有四項特質的正勤精進，具足勤的修行

人，會受到只要精勤努力就可以達到目標的思想鼓勵。即使人們告訴他會經歷極大的苦難，他還是不會灰心喪志。即使他真的經歷了極大的苦難，也不會心生退怯。即使人們告訴他需要經年累月地實踐努力，他還是不會灰心喪志，即使他真的已經有一段長年累月付諸努力，也不會心生退怯。

在**勤**上軟弱的人，一旦面臨要極大的努力，就會從修行上退縮下來。當人們告訴他們必須遠離親朋好友與塵囂的時候，他們就會畏怯、退縮。看到必須經歷長時間的止觀，他們就會畏怯、退縮。當人們告訴他們必須節食少睡，他們就會退縮，看到必須經歷長時間的止觀，他們就會退縮。他們很像：「白狗不敢冒險踏入草叢。」白狗之所以害怕進入一腕尺（＊肘至中指的長度）以上的蘆葦叢，是因為牠們認為這些蘆葦會棲息著豹、虎、象。

心（*Citta*）是指當修行人接觸、聽聞到佛法的時候，固著在如意上。這種固著是極強烈的熱情。

雖然一個人生活在美好奢華的世界，生活在權勢與幸運當中，一位修行人是不會被這些事所引誘的，他在經典當中，

並且加以研究，他的心靈總是朝向**如意**的。只有當一位修行人全神貫注在與**如意**有關的事務，他才能夠獲得滿足與寧靜。就像煉金師全神投入將根本物質轉化爲金銀的活動上，這位煉金師對於其他的事物漠不關心，只集中在煉金活動上。他廢食忘寢，走路的時候會漫不經心。**心**就是這種巨大的專心活動，或這種性質的固著活動。

　　觀（*Vīmaṁsa*）是指可以清晰地覺知到地獄、輪迴巨大痛苦的知識或智慧。這種知識可以清晰地覺知到**如意**的利益，可以安住在深沉、艱困的**法**上，以及**法**的性質上。具足這種知識的人，除了追尋**如意**之外，不會在任何世間的追尋上發現樂趣。只有在追尋深奧的**如意**中，他才會得到滿足。愈是深奧的**法**，他想要證得的欲望就愈是強烈、巨大。

　　修行人只要具足四種**神足**的其中一種，終其一生會在**身念住**的安住以及佛法當中更高的層次，諸如**心清淨**、**見清淨**等上面，持續努力精進，不會懈怠無力。只有那些從未具足任何一種**神足**、無力區分生命深淺以及法的深淺的人，才會感到無力，無法持續從事任何的努力。

修行人只要具足了四種**神足**當中的任何一種，無論是在今生或來生當一位天人，都可以按照他的**波羅蜜**達到**出世間的如意**。至於修行人具足二種、三種或四種**神足**的話，就更不用說了。

　　不具有任何**神足**的人，他們應該嘗試去追尋一種的**神足**。只因爲他們不想追尋高超的佛教利益，例如**四念住**，才會感到無力懈怠。他們應該將這種無力感視爲通往**惡趣**的快速道路。因此，他們應該研究、思考、沈思那些能夠喚起**欲神足**的偈頌與開示。他們應該親近一位能夠喚起**欲神足**的導師，而且依止這位導師。

　　因此，佛陀如是說：

　　精勤努力去開發「欲神足」。精勤努力去開發「勤神足」。精勤努力去開發「心神足」。精勤努力去開發「觀神足」。⁽*《相應部》〈神足相應〉〈全分〉S.51.6）

　　有些遠離如意的修行人，他們甚至不想證得**神足**。如果沒有具足**欲神足**，他們甚至不知道必須去追尋**欲神足**，而成爲軟弱無力、挫敗的人。在**勤神足**、**心神足**、**觀神足**中，也

是如此眞切。

　　將心靈安住在身至念上，就等於是建立了欲神足。默想有關輪迴之苦的厭離心 (Saṁvega) 的奇聞軼事、對自己採取苦行以及其他法的實踐，就等於是建立勤神足。把自己投入深奧的法當中，諸如四大 (*《相應部》〈神足相應〉〈全分〉)，就等於是建立觀神足。

　　如果有任何一種神足建立了，那麼，可以確立的是，各別的如意將以自己的波羅蜜去證得。因此，如同註疏中所陳述的，不具足任何一種神足的人，就像是旃陀羅 (caṇḍāla* 下賤的人) 的兒子，而且具足任何一種神足的人，就像是國王之子。旃陀羅的兒子，因爲缺乏成爲國王的根基，所以絕不會成爲國王。然而，國王之子，因爲具備成爲國王目標的根基，總是朝向成爲國王的目標前進。

　　因此，現在的智者應該試著去獲得四種神足，這樣子才能摧毀身見的巨大根基，並且在佛陀的教法中，按照自己的波羅蜜去證得更高果位的利益。

第五章 五根

　　根 (*Indriya*) 是指，由支配者掌控的行為，因此才稱為**根**。而所謂**由支配者掌控的行為**意謂著，任何由支配者掌控的地方，是沒有任何人可以違背的。

　　在此，一位修行人掌握自己心靈的控制力是根本的因素。

　　根共有五種，分別是：
信根。精進根。念根。定根。慧根。

　　信根是指**信仰**。**信仰**有兩種，分別是：
自然信 (*pakati saddhā*)。修習信 (*bhāvanā saddhā*)。

　　信仰可以引導一般男女將布施、戒律、初階的禪定，付諸實施，這就稱為**自然信**。在此處，正如瘋子的例子中所顯示的，雖然**信仰**是一種控制力，可是這種控制力還是不能像修習禪定一樣地控制一般人不安的心靈。這種控制力量能控制不安，僅僅擴展到布施行為。

對於缺乏**信仰**的一般人而言，他們的心絕不會轉向善業，反而會在邪行中感到喜悅。在**戒律**清淨的實修與聖典的研讀當中，也一樣眞實。這是指，由尙未開發的**自然信**控制力是如何產生自然善業。

在修習止觀的**業處**中，**自然信**無法控制住心靈，因爲心靈很容易反擊信仰的掌控，而轉向他處。在**業處**的修行中，**自然信**是不足夠的。

修習信則是準備了種子發育的溫床，換言之，就是在修習當中，例如吸入、呼出的**業處**練習功課上，來吸取巨大的能量。

在**三十七道品**中，這種**修習信**才稱爲**信根**。在**業處**的修習中，它代表心靈搖擺不定的力量消失，以及清明、穩定心的生起。當心的專注力清明、不迷惑的時候，才有能力穩定地固著在這些對象上。**身念住**的修習，例如吸入、呼出的**出入息念**，是修習信的前行溫床。如果心固著在**身念住**上，例如吸入與呼出，就等於得到**修習信**。然而，如果想要繼續在**禪定**與**直觀**的範圍當中，取得摧毀**身見**三種層次的能力。爲

了適當地修習**禪定**與**直觀**，他們需要依止一位在法上通達的導師。

　　精進根就是**精進**，共有兩種，分別是：

1. 自然精進。　*2.* 修習精進。

　　另一種分類是：

1. 身精進。　*2.* 心精進。

　　自然精進可以很容易理解。舉凡在世間事務上擁有特異的**自然精進**，就可以輕易地獲得**修習精進**。常乞食支、常坐不臥支、樹下坐支、露地坐支、塚間住支等頭陀苦行，就是**身精進的修習**。

　　如果安立**身精進的修習**之後，例如只在短時間內睡覺，並且有所警惕、精力充沛，這樣還不是**心精進**，例如在心上熱情作意思惟；在吸入、呼出的**業處**對象上不能達到穩定的專注，而且在修習的期間，無聊漫長，絲毫不能證得心靈與覺知上的清晰。

　　在任何修行功課上，只有當修行人付諸實踐，並且迅速

掌握住，才是適當的；如果是修行功課反過來掌握住修行人，是不適當的。所謂**修行功課掌握住修行人**是指，在修行的功課上缺少實在的能量，也沒有具體的成果出現。經過日以繼夜的拖累之後，在身體的姿勢上呈現出厭惡與沉悶，最後終於怠惰了。由於出現了怠惰，修行功課上的進展也緩慢下來，由於進展放慢下來，又進一步更加懈怠。然後又出現這樣的想法：最好是改變修行功課的形式。因此，就出現不斷變換功課形式的情形，所以說，如此做功課才會掌握住缺乏精進的修行人。

在**業處**的修行功課上，只有具足**身精進**與**心精進**的修行人才能獲得迅速的成就。從安立**身念住**的刹那開始，日復一日地開發的精進，就是**修習精進**，這種精進在三十七道品中，稱為**精進根**。它代表在**業處**修行功課上懈怠的消除，以及熱情、能量的出現。心強力安住在對象上會產生快感。因此，安立**修習精進**以及逐步的開展工作，與信根是一致的。

在三十七道品中，**念根**是指，在諸如吸入、呼出的身體部位上安位**身念住**，以及開發修習念 (*bhāvanā-sati* 稱為「四念住」)，一直到證得**出世間的正念道**。

定根與慧根可以同樣地加以界定。

在四念住的修行對象上，例如安住在吸入、呼出，定根會驅散心靈的不安，慧根則消除混亂、模糊。

信根、精進根、念根是定根及慧根的先行工作，就像輔佐國王登上王位一樣，信根、精進根、念根會協助定根及慧根證得巔峰的成就。

在安立身念住以及主宰心靈之後，如果踏上禪定的道路，定根就變成八正定，慧根就變成五神通，例如具有超自然的神變能力。如果踏上直觀的道路，定根就變成空禪定、無相禪定、無願禪定，而慧根就變成五智慧清淨道（* 即見清淨、度疑清淨），並且是以見清淨開始，而後是三隨觀智、十直觀智、四道智、四聖果、十九觀察智（* 參見《清淨道論》第二十一章、第二十二章）。

在此處，我們說明了五根是如何共同發生的。

現在則是闡述每一根形成的控制因素。

「一位修行人應該去何處尋找『信根』？應該在『預流果』的四種構成因素中尋找。」（* 見《相應部》大品・根相應第四・應觀第八經）

這就意謂，**信根**控制了**預流果**的四種構成因素。這種四種構成因素是：

1. 對於佛陀的神聖特質，例如**阿羅漢、正等正覺**等，具有不可動搖的信仰。

2. 對於法的神聖特質，例如**善說法者**等，具有不可動搖的信仰。

3. 對於僧侶的神聖特質，例如**妙行者**等，具有不可動搖的信仰。

4. 圓滿具足**出世間禪定**的**最近因**，例如**戒清淨**。

這四種因素確保一位修行人大可以在一生當中證得**預流果智**。

「**對佛陀具有絕對的淨信。**」(＊見《中部》第九《正見經》) 在巴利經典的這段文字中，*aveccapasāda* 是指**不可動搖的信仰**。這種**信仰**是我們在憶念佛陀神聖特質的時候所證得的**近行定**。**近行定**是指，當我們憶念佛陀的神聖特質(＊視為「阿羅漢」)的時候，所證得的穩定、堅持的專注力，就如同在入定一樣。當一位修行人體會到這種穩定的專注力，也就會知道信仰是居

於主導的優勢。這樣的修行人是在憶念佛陀神聖特質的信仰中掌握住他的心靈。對於法、僧神聖特質的憶念，也是同樣的眞切。

世間禪定的基礎──戒清淨是指活命戒（八關齋戒），這種戒律可以讓一位修行人就在今生證得**世間禪定**。當這種戒律持得清淨，未被破壞，就可以從貪、瞋、癡的染污中解脫出來。所以，一位修行人必須瞭解到，信仰在戒律中是相當突出的。無力觀察到戒律的這種必要條件，就稱爲**破戒**。即使在技術上這種戒律沒有被破壞，如果按照一般世俗的條件來看，可以說是不淨。俗語說：「只有從河流上岸後，才會知道一頭公牛的價值。」對於凡夫與教導佛陀弟子的比丘而言，只有當他們完成這四種構成因素的時候，才會瞭解到隱藏在他們內心的騷亂、散渙是否消除了，也就是說，才可以體會到他們能否掌握住心靈。

「一位修行人應該在何處尋找『精進根』？應該在『正勤』的四種構成因素中找尋。」（*見《相應部》大品・根相應第四・應觀第八經）

凡夫與佛陀的比丘弟子，只有當他們完成**正勤**的四種構

成因素，才會瞭解到在**精進**的功課上，他們內心的不安與騷動是否已經消除了，才會知道是不是可以掌握住心靈的修行人。

「寧可讓我的皮膚、筋肉、骸骨乾枯，寧可讓我的身內的血肉涸竭，我都不會放棄，一直到在這一生當中，我人格當中的身見、惡行、苦界被摧毀爲止。」這是一種簡單的決斷與**正勤**上的努力。護眼尊者 (*Cakkhupāla* *見《法句經》第 1 偈頌注) 就是這樣努力精進的。當一位修行人面對這種決斷與努力，就必須體認到**精進根**對於心的優勢主控權。在**精進**的功課上，這種人已經消除了心的不安與騷亂；在佛教中，他是一位可以支配自己心靈的修行人。

「一位修行人應該在何處尋找『念根』？應該在『四念住』的四種構成因素中找尋。」(*見《相應部》大品·根相應第四·應觀第八經)

凡夫與佛陀的比丘弟子，只有當他們完成**四念住**的四種構成因素，才會瞭解到在**正念**的功課上，他們內心的不安與騷動是否已經消除了，才會知道是不是可以掌握住心的修行人。如果經由**身念住**的修習，專注力可以成功地隨意安住在

身體的任何一個部位，例吸入、呼出，那麼，就是可以用正念來掌控了。這位修行人內心的不安與騷動就會消除，他已經可以支配心了。

「一位修行人應該在何處尋找『定根』？應該在『四禪定』中找尋。」(*見《相應部》大品‧根相應第四‧應觀第八經)

如果在修習**禪定**的時候，例如吸入、呼出，至少證得**近行定**，又如果因而除去過往輪迴在內心所引起騷動的愛欲、瞋心煩惱蓋，那麼在**禪定**對象上的心專注力，就會變得特別穩定與清澈。這就是**禪定**所生起的支配功能。在**禪定**的功課上，這位修行人已經消除了內心的不安與騷亂，他是一位可以支配自己的心的修行人。

「一位修行人應該在何處尋找『慧根』？應該在『四聖諦』中找尋。」(*見《相應部》大品‧根相應第四‧應觀第八經)

人們遇見佛法，其中，**四聖諦**的知識是最崇高的價值。只有證得這種知識的時候，他們才有可能從身見、惡行、苦界的領域中解脫出來。因此，爲了獲得**四聖諦**的知識，他們要經由各種修行的方法，例如研究、記憶、吟誦、思惟、聽法、

討論、問法，修習直觀的練習與默觀，並至少證入地、水、火、風、虛空、識六界，或者直觀到它們流逝、不安穩的性質，洞察它們的持續時間是如何不會超過一眨眼，是如何持續地被摧毀。如果可以清晰地觀照六界，就沒有必要對於其餘的諸法，加以特別的修持（如蘊、處等）。如果可以清晰地體會到**無常**的性質，**無我**的體會就會尾隨而至。(*見《小部》自說經·彌吉耶 *Meghiya* 品·彌吉耶 *Meghiya* 經)

只有當一位修行人證得阿羅漢果的階段，才會全面體悟到苦的性質。

因此，經過長時間的努力之後，直觀一旦證入六界內在的**無我、無常**的本性，就可以達到安立專注力的境界。這就是依照慧根所生起的主導優勢。經過無始以來的輪迴，在心靈上形塑出來的不可靠性，會逐漸地消失。

在這裡，所謂心靈的**不可靠性**是指，事物是無常的，卻有恆常的感覺；是痛苦的，卻有快樂的感覺；是可惡的，卻有喜悅的感覺；是無我的，卻有我的感覺；是沒有個體的，卻有個體的感覺；是不存在的，卻有存在的感覺；是非人的，

卻有人的感覺；是非梵天、非帝釋天、非婆羅門，卻有梵天、帝釋天、婆羅門的感覺；是非女人、非男人、非閹牛、非象、非馬，卻有女人、男人、閹牛、象、馬的感覺。從不可靠性中解脫出來，是指在佛法中掌握住，並且覺察到真正的實相。

如果可以清晰地覺察到苦諦，當然，其餘三諦也可以清晰地覺察到。在覺察四聖諦中，一般凡夫是以**隨覺智**（*anubodha-ñāṇa*）來認識的，聖人則是以**通達智**（*paṭivedha-ñāṇa*）來認識的。**隨覺智**就像在晚上看到閃光，但並不是看到火。雖然沒有直接看到火，只是看到反射出來的閃光，卻是可以確知有火存在。直接看到火，就像是**通達智**。

「修習信根，修習精進根，修習念根，修習定根，修習慧根。」（*見《相應部》大品‧根相應‧*Sūkarakhatā* 品‧*Sūkarakhatā* 第八經）

這些由佛陀說的巴利文句，其意義是應該修習、開發五**根**（心靈的功能），以便易於修行**禪定**與**直觀**的偉大功課。

要是沒有開發出五根，我們稱之為一個人的**蘊**，就像一個國家沒有領導人或國王；就像由原始部落居住的山林，沒有政府存在。一個沒有領導人或國王的國家，就沒有法律，

在那裡，人是不受規約的。就像動物一樣，強者掠奪弱者。同樣的，一位沒有開發出五根的人，他的內心是迷惑的，會受到污染的騷動。就像一位充斥惡靈的人；不可能聽到諸如「iti pi so....(世尊的確是...)」或因緣的偈頌。當一位沒有開發出五根的人，聽聞到有關緣起或修習心靈的開示，他們會迅速生起相反的批評。對他們而言，想在禪定與直觀的功課中全心投入的欲望從未生起過。

另一方面，一位開發出五根的人，就像由一位正義、執法的國王所統治的國家，類似中型的村鎮與部落，存在著政府行政單位。這樣人不會被各種紛亂的理論所動搖。佛陀所開示的唯一道路上，他是肯定的。一旦聽聞到緣起法或內心開發的修行開示，他的心就會很清澈、柔和。他肯定會在禪定、直觀的功課上全心投入。

為此，這世界上所生起的兩種欲望，不是眾生的任務，而是依賴五根的開發。如果沒有開發根，其中的一種欲望會生起。如果開發了根，這種欲望會消失，另一種新的欲望必會生起。根愈是展開，這種新的欲望就會增強。當五根全部建立起來，對於道、果的欲望將會直接出現。因此，眾生必

須開發五根，才可以將自然信、精進、念、定、慧提昇至巔峰的境界。

第六章 五力 *(balāni)*

力的定義是：對治障礙，所以稱爲力。(*參見雷迪大師：《第一義諦手冊》)

巴利聖典上說：「無論何時遇見障礙，都會有一種無畏的穩定，因此，稱爲『力』。」(*見《增支部》*Ekaka Nipātaṭṭhakathā, 18, Apara accharāsanghāta-vagga-vaṇṇanā*)

如同根的情形一樣，力有五種：

1. 信力。
2. 精進力。
3. 念力。
4. 定力。
5. 慧力。

爲了摧毀身見的王國，他們是五位將軍或指揮官。對於佛法中的比丘與凡夫而言，他們是五種可以依賴的力量。

如同信根的情形一樣，信力有兩種：

1. 自然信。

2. 定信。

自然信是指沒有經過特別的修持與開發，而是依照環境與貪欲而生起的，因此，只能產生布施、持戒等自然善業。自然信沒有力量克服貪欲，相反的，貪欲掌握住自然信。

這是說明貪欲如何以強力掌握住自然信，巴利聖典中提到四種聖人的傳統修法（聖種法 ariya-vaṃsa-dhammā ＊參見《增支部》 Catukka-nipāta, Paṭhama-paṇṇāsaka, 8, ariyavaṃsa- sutta），就如同太陽、月亮清澈地存在於天空中。這四種修法是：

1. 在食物上很容易滿足。（乞食）

2. 在衣服上很容易滿足。（糞掃衣）

3. 在居住上很容易滿足。（樹下坐）

4. 在修習中發現喜樂。（身心寂靜）

這四種修法形成了信。在現代，信這位偉大的國王還是很隱匿、很沉淪。今天，眾生都是在物質的生活上享樂，在

世間的職務、尊嚴與榮耀上享樂，在滿足快樂的生活、世間的財富與權勢上的享樂。因此，**貪欲**這位巨大的國王就像大海包圍島嶼一樣明顯。這說明了**自然信**在這世界上的脆弱。

定信則是在諸如吸入、呼出的**身念住**中，修習有所成就，並消除了心靈的不安與騷動之後才生起的，這種**定信**可以驅除在財、食、味上享樂的**貪欲**。這種**定信**可以將比丘、凡夫從沉溺在三種**貪欲**的汪洋中拯救出來，讓他們到達由**聖種法**所構成的信的王國當中。在三十七道品中，就是需要這種信。

在**精進**的兩種型態中，**自然精進**是指，沒有經過修持的開發，隨機緣而懈怠，並產生布施、持戒、研讀聖典等自然善業。這種**自然精進**並不能驅逐懈怠，反而屈服於懈怠，順從懈怠。這說明了懈怠是如何征服**自然精進**。

當眾生遇見佛法，就會認識到，在過去無止盡的輪迴中，他們一直是**身見**、惡行與苦界的眷屬。巴利聖典很清楚地指出，**聖種法**是可以驅除懈怠，全心全意投入修習，並且在這種修習中獲得解脫。

驅除懈怠行爲可以這樣描述：具備了**諸學**（*佛法的訓練），

並且在戒壇上受戒成爲比丘，依諸學而行，就是：

「以樹根爲出入的住所，因此，今生就修持樹下住支的苦行。」（*參見《律藏》‧大犍度‧第四品）

爲了遵循諸學，如果一位修行人以森林中的樹木爲住所，「只依乞食維生，不依賴別人，堅定地遵守頭陀苦行。」而且小心謹慎地修持身念住，這些精進的行爲就可以驅除由懈怠而生起的惡業。他們都是屬於精進領域當中的行爲。

在現代的世界中，這種精進的領域非常模糊。時至今日，比丘雖然已經警覺到他們處於身見、惡行，並且在苦界中再生的眾生階層當中，他們還是居住在由布施者所建立的村落中，並且從接受大量的供養與利益中享樂。他們沒有能力拋棄這個社會的其他人士，如懈怠領域中的一切行爲，而這種懈怠的領域，就像大海淹沒島嶼一樣的明顯。這說明自然精進的脆弱。

只有修習精進，才能讓修行人安於極少的睡眠，經常保持機警、主動、無懼、大膽、踏實地獨居，內心相當堅定，這樣才可以驅除懈怠。在三十七道品中，需要這種修習精進。

在以下簡要的解釋中，我們可以瞭解到念力、定力、慧力的詳細意義。在此，我只是提供一種精簡的說明。

念的反面是稱爲**失念**（*或譯爲「忘念」）的惡業。**失念**是指，沒有能力在**禪定**（如：身念住）或**直觀**中投入，不能夠專心一致，不能夠控制自己的心靈，而隨意飄蕩在其他的思想對象上，而不是在修行所專注的對象上。**自然念**是與生俱來的，可是沒有能力驅除失念，只有**修習念**才能驅除。

禪定的反面是**散亂**的不善法，包括了在**修習作意**上，心靈沒有能力專一、不安與散亂。在諸多對象上生起雜念，而不是制心一處，沒有能力控制住心靈，專注在一個對象上。**自然定**沒有能力驅除散亂的不善法，只有**修習定**才有能力。

慧的反面是**迷惑**的不善法，包括了無知、欠缺明晰、模糊以及缺少心靈的光明。黑暗環伺著心靈。這種迷惑不可能出**自然慧**來驅除，也不可能出飽讀三藏經典知識的**教法智**（*pariyatti-paññā*）來驅除。只有安立在**身念住**上的**修習智慧**才有能力逐步驅除這種**迷惑**。

在此說明了與五力各自相對立的五種不善法的意義。

這五種相對立的不善法：一、貪欲。二、懈怠，或無力承受痛，或在對治的工作上欠缺無畏的力量。三、失念。四、散亂。五、迷惑。可以對治、驅除這些惡業的五種法，稱爲力。如果五力當中有任何一力是脆弱的，就如同未了行者在禪定與直觀上就不可能有所成就。

　　因此，有些人可以從貪欲的領域中脫離出來，這是因爲他們的信力強而有力的緣故。他們擺脫了對於財、食、色與世間尊嚴榮耀的執著。可是，因爲他們在其餘的四種力上有所欠缺，所以還是不能達到圓滿具足的境界。

　　有些人可以從貪欲、懈怠的領域中脫離出來，這是因爲他們的信力與精進力強而有力的緣故。他們持續不斷地遵守善法－樹下住支以及修持頭陀行。可是因爲他們在其餘的三種力上有所欠缺，就沒有能力修習身念住，或者修持禪定與直觀。

　　有些人在前三種力上非常強烈，因此，能夠在身念住上安立，他們可以在觀吸入、呼出上或身體的骸骨上達到專注。可是因爲在其餘的兩種力上有所欠缺，就不能在禪定與直觀

上有所安立。

有些人可以入禪定，這是因為他們前四種力非常強烈，可是，因為他們在**慧力**上是很脆弱，就沒有能力在**直觀**上有所安立。

有些人在慧力上強而有力，精通三藏，明瞭第一義諦，可是因為在其餘的四種力上有所欠缺，他們不能從貪欲、懈怠、失念、散亂中擺脫出來，就生活在這些惡業當中，而且在這些惡業當中死亡。如此，一位修行人一旦在這些力中欠缺任何一種，就不可能從這些各別相對的惡法中擺脫出來。

在**五力**中，精進力與慧力也是**如意足**。因此，如果這二力夠強大、相輔相成的話，就不會發生因其他三力過弱而無法在**直觀**上安立的情形。以佛陀住世的舍衛城為例，共有五千零五十萬位的修行人從世間的罪惡中證得解脫。

不瞭解**如意足、根、力**等功能的修行人，不會知道為何他們的**欲望**是脆弱的，以及用什麼對治他們。他們不知道要安立什麼法，甚至連想要安立的欲望從未生起過。因此，**聖種法**直到現代還是處於消失的邊緣。

例如，有一種公牛，叫做牛王 (*usabha* * 牡牛)，這隻牛王的價值遠超過千萬頭普通的公牛。如果這隻牛王明顯的特徵被認出來了，牠會被妥適的飼養、培育，牠的四肢會發達，體能會增強。然後，牛王會保護上百的家畜，以防止獅、豹的侵入。只要是有牛王在的牧場，就可以避免大部份的疾病與傳染病。一般人的居家環境，要是周遭安插木樁，每七間房子成一列，朝同一方向，就可以避免大部份的疾病與傳染病；就好像那迪 · 毗薩拉公牛可以同時拉動五百輛的二輪貨車一樣 (* 參見《小部》《本生經》*Ekaka Nipāta, Kuruṅga-vagga, 28, Nandi Visāla Jātaka*；另按：文中所説：「居家環境，要是周遭安插木樁」，可能基於標明地界，以免被侵犯。「每七間房子成一列，朝同一方向」，可能是某時某地的民情。惟如此作法對「避免大部份的疾病與傳染病」，似無關聯，《本生經》中亦無記載此事)。

　　如果這隻牛王的主人對於這些情形，一無所知，因此沒有加以適當的飼養、培育，只像一般公牛一樣去照料。如果這位主人將這隻公牛跟其他公牛一樣對待，一同去耕種，一同去拉二輪貨車，那麼這隻牛王明顯的特徵與四肢就不會發育，牠的體能還是潛伏的。這隻牛王會像其他公牛一樣的生長、死亡。

不過，一位內行的主人就會將這隻牛王與其他公牛隔離開來，將牠安置在一間特別建造的牛舍當中。這位主人會舖上乾淨的細沙，屋頂上加蓋天花板，清除這間牛舍裡排泄物，並以適合人類食用的米、豆飼養。這位主人會替牠洗淨，然後再抹上香料。在這種情形下，這隻牛王的明顯特徵與四肢會發育成長，並且培育出巨大的體能。

　　在當今的佛法時期裡，未了的修行人就像公牛的主人，這些未了修行人的五力就像牛王，論藏中的《正念分別論》、《正勤分別論》、《如意足分別論》、《根分別論》、《覺支分別論》、《道支分別論》，經藏中的《大念住經》、《念住相應》、《正勤相應》、《根相應》、《力相應》、《覺支相應》，就像世間上的說明書，可以指出牛王明顯的特徵，以及如何加以適當的飼養、培育，使牛王的體魄強壯。

　　這些未了的修行人，由於無知的緣故，無法經由禪修的工夫來開發五力，因而滿足於佛法中初階的成就，例如布施、持戒、研究經教等，就像不認識牛王的主人，不會給予適當的養育一樣。

在這個世界上，存在著許多世間的事業。這些事業可以經由財富的力量來完成，有些事業則可以經由知識的力量來完成。甚至在土地的耕作上，也需要幾種力量來完成。有時候，首先需要儲蓄財富的力量，其餘才是知識的力量。先前的教育與研究凝成了知識的力量。

同樣的，在佛法中，為了修習禪定、**直觀**，以及證得聖道、果與涅槃，就需要五力。當這些力先累積了，上述的巨大工作才有可能發展。連五力之力都沒有具足的人，就不可能激起去進行這些巨大任務的欲望，這些巨大的工作就不會在今生中完成。他們過得很不用心，也缺少決定的力量。如果向他們說，可以完成這些任務，他們也不想聽。他們不知道這些障礙的思想之所以降臨到他們，是因為他們在力上面全然荒蕪。他們在**波羅蜜**或二因或現世的門前感到羞愧。(*有些人相信除非「波羅蜜」成熟了，否則是不會證得聖道與聖果；有些人相信現在是「二因」時代，因此，在今生是沒有辦法證得聖道與聖果。)

不過，如果這些人在**正念**當中的一項功課安立起來，例如**出入息念**，如果他們因而建立**信力、精進力、念力**，這種頑強的思想一定會消失，而善業思想必然會生起。這是因為

他們已經開發了強勢的力量。

這就是如何開發這種力量的方式。雖然這種修行人還不能證入名與色；可是，經由對於財、食、味欲望、世間財欲望的控制，還是可以開發出微弱的信；經由懈怠的控制，還是可能開發出微弱的精進；經由散亂與迷惑的控制也可以增強禪定與智慧。當開發這些力的時候，他的內心必然會發生變化。

例如，一位飽受痲瘋病折磨的人，他對於一般事物與世間的事業會失去興趣。但是如果用適當的藥物治療，這種大病就會逐漸痊癒，脫離冷漠感，重新振奮起來。這是不可避免的。欲望、懈怠、失念、散亂、迷惑這種惡業，就像五種大病；佛法中的禪定、直觀就像世間的庶務與事業；例如，四念住的出入息念，就像用藥物去治療。其餘的類比就很容易瞭解了。

因此，佛陀會如是說：

「修習信力！修習精進力！修習念力！修習定力！修習慧力！」（*見經藏・《相應部》・大品・力相應第六 *Gaṅgā-peyyāla-vagga, Balādi-*

在這個世界上，建築師的力量是依靠完善的工具，例如錐子、鑿子、斧、刀、鋸子等等。只有當這位建築師擁有這種力量，他才有可能著手去建立寺廟、房舍等等。在木匠、鐵匠、金匠、木雕師等人的工作上，他們也分別有各自的力量，他們的力量包括了完善的工具與配備，只有這樣子，他們才能完成他們的工作。

同樣的，在佛法中，為了證得**道智**（四向）、**果智**（四果），**修習禪定與直觀**的工具包括了**修習信、修習精進、修習念、修習定、修習慧**，並且是經由**四念住中的出入息念**來開發的。五力就是瑜伽行者的力量（* *yogāvacara* 是指修習「禪定」，或修習「直觀」，或兩者兼修的人）。因此，在佛法中，想要在修習禪定、直觀有所成就，必須開發五力。這就是上面所引述的偈頌中**修習**（*bhāveti*）的意義。

第七章 七覺支 *(Sambojjhaṅga)*

「所謂的『正覺』，就是指可以清晰地覺察到四聖諦。所謂的『覺支』，就是指出世間道的智慧，智慧之道的構成因素。」

鳥兒首先是以蛋的形式從母鳥的子宮中分娩出來，其次是啄破蛋殼而出。然後，當雛鳥的羽毛長齊了，牠們就會離開巢窩，想飛往哪裡就飛往哪裡。同樣的，在瑜伽行者的例子中，當他們成功地安立在**身念住**上，或者貫徹完成**禪定**功課的時候，可以先從累世輪迴所帶來的心靈混亂中解脫出來。其次是，當他們證得了**直觀**，可以覺察到名、色、蘊等等，就可以從無知的粗劣狀態中解脫出來。最後是，當七覺支開發了，成熟了，瑜伽行者在出世間的智慧之道上，完全圓滿了，羽翼豐滿，證得了所謂正覺的智慧之道，因而可以從世間的庸俗狀態解脫出來。他們從凡夫的境界中解脫出來，進而證得聖人出世間或涅槃的境界。

七覺支，分別是：

一、等覺支。

二、擇法等覺支。

三、精進等覺支。

四、喜等覺支。

五、輕安等覺支。

六、定等覺支。

七、捨等覺支。

念的內在因素（*Sati cetasika* *或譯為「念心所」），計有念住、念根、念力、正念道支，這就是所謂的念等覺支。

慧的內在因素（*Paññā cetasika* *或譯為「慧心所」），**觀神足、慧根、慧力、正見道支**，這就是所謂的**擇法等覺支**。另外，慧的種清淨道（*參見第五章的相關注解），開始是**見清淨**，其次是三**隨觀智**、十**觀智**，這些都稱為**擇法等覺支**。正如棉花的種子必須經過推磨整理之後、才能製造出棉花一樣，修行人反覆以**直觀智**觀照五蘊的過程，就稱為**擇法**。

精進的內在因素（*Vīriya cetasika* *或譯為「精進心所」），計有正勤、

勤神足、**精進根**、**精進力**、以及正精進道支，這都是所謂的
精進等覺支。

安立在**念住**之後，例如**身念住**，一旦觀照、覺察的歷程
持續增加中，喜悅與快樂就會出現，這就是所謂的**喜等覺支**。

當內心的混亂、念頭與思緒中止了，在修行的身心上就
會經歷平穩、寧靜的過程，這就是所謂的**輕安等覺支**，它是
身輕安與**心輕安**的內在因素。

所謂的**定根**、**定力**與**定道**的**禪定諸法**，就是所謂的**定等
覺支**。另外，與**禪定**的功夫、心清淨道有關的**徧作定**、**近行
定**、**根本定**或**八正定**，以及與慧清淨道有關的**空定**、**無相定**、
無願定，也都稱為**定等覺支**。而伴隨**直觀智**或道智與果智而
生起的定，就以**空定**、**無相定**與**無願定**這些名詞來稱呼。

當修行人在**業處**的工夫還是缺少方法或系統，就必須多
在身心上加以鍛煉；不過，一旦具備了方法與系統，修行人
就可以自在了，不必限制在這種身心的鍛煉努力上。這種自
在，就是所謂的**中捨性心所**（* 平靜的內在因素）。這就是**捨等覺支**。

當一位瑜伽行者可以充分擁有七覺支，就會在佛法內享受到一位沙門的喜悅與快樂，而這種喜悅與快樂是任何世間上的喜樂所不能比擬的，他就像轉輪聖王一樣，統領著四大洲、坐擁七寶珠，享有無可比擬的輕鬆與自在。

　　因此，誠如《法句經》所說的：

　　「比丘入屏虛，彼之心寂靜，審觀於正法，得受超人樂。」
(*《法句經》第 373 偈頌)

　　「若人常正念，諸蘊之生滅，獲得喜與樂，知彼得不死。」
(*《法句經》第 374 偈頌)

　　如果在**直觀樂** (vipassanā sukha) 當所經驗到的快樂與喜悅(這種樂是在「七覺支」中完成的)，再分為二百五十六個部份，這每一個部份的快樂與喜悅都超過世間的國王、天人、梵天的快樂與喜悅，足見在**正覺**中的喜悅與快樂是如此的巨大。因此，佛陀也如是說：

　　「諸味法味勝！」(*《法句經》第 354 偈頌)

　　有許多故事(* 參見《相應部》‧覺支相應) 提到，只要聽聞到七覺

支的偈頌就可以治療大部份的疾病與慢性病。不過，只有當這些聽聞者完整覺察到七覺支的意義，並且生起強大、清晰的信心的時候，這些疾病與慢性病才會痊癒。

以平衡的方式獲得七覺支，這位瑜伽行者就可以肯定在身念住中不會出現缺陷，也可以保證他在無常、無我的覺察以及身心的能量當中不會出現缺陷。因為他的心靈可以在三法印中安立自在，他現在可以經驗到覺察涅槃光明所帶來的喜悅，這是他在以往無盡的輪迴中，甚至是在夢中，從未出現過的。由於心靈喜悅與自在的緣故，他對於業處對象的觀照可以非常沉靜、穩定的生起，而這種平靜的境界是以正念的努力，從騷亂中解脫出來，並以精進的力量覺察到無常與無我。

以上所述與七覺支的境界是相互協調的，而且他們個別的功能也是特別清晰。就算是在普通的修行境界，從安立身念住的剎那開始，例如正念的諸法，就被視為覺支。

當佛陀開示必須修習七覺支，就被視為覺支。

當佛陀開示必須修習七覺支，是如此說的：

「修習念等覺支，遠離依止，遠離貪念依止，滅盡依止，最後般入涅槃，……

修習捨等覺支，遠離依止，遠離貪念依止，滅盡依止，最後般入涅槃。」(*參見《論藏》‧《分別論》第十品分別覺支)

其意義是，在一般的方向上，安立**身念住**的歷程（例如：呼出與吸入），就等於是安立**七覺支**。有關七覺支的個別安立，參見《分別論疏》。(*Sammohavinodanī-Aṭṭhakathā*《分別論注釋》第一品 *Suttanta-bhājanīya-vaṇṇanā*)。

上述巴利文句的意義是：「一位修行人應該修習『念等覺支』，他依靠著一切活動、焦慮、渴望、貪婪的止息，或者輪迴之苦的止息，以及放棄四種所依的基礎（* 四種所依是指，執著感官的快樂、執著心的污染的激情、執著行為的功德、執著身體的五蘊）。」

遠離依止 (*viveka nissita*)、**離貪依止** (*virāga nissita*)、**滅盡依止** (*nirodha nissita*) 是指，「不會嚮往有的成就與財的成就，而是會摧毀今生當中潛在**身見**的大部份領域，因而從輪迴中解脫出來。**成就依止** (*vivaṭṭa nissita*) 是指，念念無間地從感官的執著中解脫出來，**覺、覺支與菩提支**的意義都是一致的。

第八章 八正道 *(Maggaṅga)*

道 *(magga)* 的定義是：

這些法可以消除身見等障礙，因而證入涅槃，止息苦界與輪迴之苦。所以，這些法就稱爲道。

道有八種成份，分別稱爲：

一、正見。

二、正思惟。

三、正語。

四、正業。

五、正命。

六、正精進。

七、正念。

八、正定。

這八種成份都會在**智見清淨道**（以知識與凝視的出世間清淨道）當中出現，在前行的世間清淨道當中，正語、正業、正命只會

在**戒清淨道**中出現，不會在**心清淨道**中出現等等。

因此，在三十七道品中，**戒清淨道**是指**遠離依止、離貪依止**的戒律，其依據是：

「修習正語，遠離依止，離貪依止，最後進入涅槃。修習正業，遠離依止，離貪依止，最後進入涅槃。修習正命，遠離依止，離貪依止，最後進入涅槃。」 (*參見《分別論注釋》第一品 *Suttanta- bhājanīya-vaṇṇanā*)

在這裡所指的，並不是指會傾向**有之成就** (*bhava-samāpatti*) 與輪轉依止的戒律。那些有意識地放棄在今生當中證入聖道與聖果的**戒清淨道**，並不是嚴格的初梵行戒，因而不是屬於嚴格的三十七道品。不過，如果努力在爲來世證得涅槃，這就可能成爲**波羅蜜戒**，是屬於**遠離依止戒**的一部份。

正語、正業、正命三道純粹是戒律的層次，因而構成爲嚴密的**戒清淨道**。它們也稱爲三種**離心所** (*virati cetasikas*)。

正思惟是**尋**的作用。因爲**正思惟**是**智慧**的先驅，也就包括在**智慧**的範疇當中。**思惟**共有三種，分別稱爲**出離思惟**、

無恚思惟與無害思惟。就像一個人被囚禁在監獄當中，或者被敵軍所包圍，或者被森林大火所圍困，或者像一條魚被網住、水塘或陷阱所困，或者像一隻為鳥籠所困的鳥（不能吃睡），此時只有一種想法，就是試圖擺脫這些限制。以正勤的精神擺脫陳舊的無盡的已生惡業，以及未來的無盡的未生惡業，如此生起的思惟，稱為出離思惟之道。這種思惟尋求在今生中能夠從輪迴之苦中解脫出來。

與慈心禪定有關連的思惟，稱為無恚思惟，與悲心禪定有關連的是無害思惟，與其餘禪定有關連的思惟，稱為出離思惟。

正見、正精進、正念、正定這四種正道，已經在七覺支中討論過。

正見與正思惟是慧蘊，它們構成了慧的集合體。蘊是集合體。正語、正業與正命，稱為戒蘊，它們構成了戒的集合體。正精進、正念與正定，稱為定蘊，它們構成了定的集合體。

活命戒是世間戒蘊之道，行持活命戒可以摧毀隨眠見的

巨大王國，它是屬於戒清淨戒。

　　活命戒共有兩種，分別是針對在家眾的戒律，以及針對僧眾的戒律。棄絕身體的三惡行與言語的四惡行，這就構成了有關在家眾活命戒的內容。八關齋戒與十戒可以讓活命戒更加精鍊或完善。

　　在《律藏》中所制訂的二二七條戒學，構成了僧眾的活命戒。這二二七條戒學涵蓋了身業與口業，在《註疏》當中已經加以分類。在《律藏》中所制訂的其餘的戒律，可以讓活命戒更臻完善。

　　正如樹木是從土壤中生長起來的，以心清淨道為起點的六清淨道是在戒清淨道的土壤中開發出來的。特別的是，戒清淨道不會與以心清淨道為起點的五種中間清淨道，相互混淆，而是以保障先前的純粹性來支持它們。在出世間的智清淨道中，戒清淨道宛如戒蘊道的三項構成元素而與出世間的智清淨道結合起來運作。理由是，戒清淨道關注的對象與這五種中間的清淨道是不同的層次，而這五種中間的清淨道與出世間的清淨道是同一的，因此以俱生 (*sahajāta*) 的方式共同

運作。

在此結束了有關戒蘊道的討論。

至於定蘊道，共有兩種實踐的方向，分別稱爲純粹直觀行 (*saddha-vippasanā-yānika* 只修習直觀的修行人) 與止觀行 (*samatha-vippasanā-yānika* 同時修習止觀的修行人)。在具足戒清淨道以及安立身念住之後，並沒有走向禪定的道路，而是遵循諸如見清淨道等純粹直觀的道路，這就是純粹直觀行。然而，如果走上禪定的道路，例如證入第一禪天正受等，而又據此遵循諸如見清淨道等的直觀道路，這就稱爲止觀行。

有關這兩種道路，在第一種止觀行的例子中，透過眾所皆知的三種禪定，如空三昧、無相三昧、無願三昧，這三種禪定道就可以具足禪定與心清淨道的功能。

不過，在第二種止觀行的例子中，經由徧作三昧、近行三昧以及根本定這三種禪定道，就可以具足禪定與心清淨道的功能；之後，在直觀階段，透過眾所皆知的空三昧、無相三昧、無願三昧這三種禪定，就可以具足禪定與心清淨道的功能。

不過，在先前的**戒清淨道**與**身念住**的階段中，這三種**禪定道**則具足**剎那三昧**的功能。

　　在此結束有關**禪定蘊道**的討論。

　　在安立了**戒清淨道**與**身念住**之後，這兩種**慧蘊道**就同時具足了**純粹觀行**與**止觀行**當中的智慧功能。這些論述與**世間道**、**出世間道**都是有所關連的。

　　現在我要陳述**出世間道**當中的預流果道。請務必記住，本書的對象是聖者中的最低層級，稱之為**乾觀的預流者** (bon-sin-san)。現在有無數的眾生，例如毗舍佉、給孤獨、帝釋天王、*Cūḷaratha* 天人、*Mahāratha* 天人、*Mahāgovinda* 天人、*Anekavaṇṇa* 天人 (* 參見《天宮事》)、四大天王 (* 參見《相應部》· *Sagāthā* 品)，他們居住在四天王天界、三十三天界以及更上層的天界，可是他們還是在輪迴中出生快樂與自在。他們是已經在欲界往返七世的眾生，每位都在第四禪天或廣果天再生六次，至於在第一禪梵天、第二禪梵天、第三禪梵天再生的次數則是未定的。

　　為什麼他們會稱為**預流者**呢？五大河以及五百小河都是發源於喜馬拉雅山，它們不會倒流上去，而是持續不斷地流

向大海，因此稱為流（sota）。同樣的，聖者不會退回凡夫的境界，而是持續不斷地向（聖者）前進，一直到他們證入**無餘涅槃**。在凡夫的情形，雖然他們可以在最高層的梵天中再生，還是會墮入最低層的無間地獄。可是，在聖人的情形，不論於何處再生，他們是不會墮落的，甚至再生於較低的天界，而會持續不斷地在較高的天界重生。雖然凡夫可以在色無色界天證得三二**因梵**天的境界，他們還是會墮入**無界因的惡趣**中，化生為豬、狗等眾生。不過，在聖人的情形中，他們不會退回凡夫的階段，而是每再生一次，就會證入更高的聖者境界。

因此，不論是再生於任何天界，或者每次再生所證得的境界，聖者是不會倒退的，反而會從一個天界前進到另一個天界，從一個境界提昇到另一個境界，一直到經過多生累劫之後，當他們脫離五蘊，達到**無餘涅槃**，就是證得最高的天界與最高的境界。這條攀登道所穿越的單一道路，就稱為法預流，包括了正見預流、正思惟預流、正語預流、正念預流、正定預流。

正見預流是指安立於正見的巨大王國，以便覺察到四聖諦的光明。正見的具大王國是安立在**身見**的巨大**隨眠**王國當

中。

　　就像黑夜褪去，太陽昇起，黑暗一旦散盡，光明就安立
了。同樣的，經過多生累劫，一直到證入**無餘涅槃**，正見的
巨大光明王國還是會持續安立。從此生到彼生，這種光明會
逐漸增強，愈來愈穩定。

　　這就像有一個人，自從在他的母親子宮中誕生以來，就
因為白內障失明了，一旦他遇到好醫生治癒了他的白內障，
因而重獲光明。從白內障消失的時刻開始，大地、山巒、天
空、太陽、月亮與星星等景觀，向他敞開了，從此以後，終
其一生都是這樣。

　　同樣的，預流智聖者證得三法印與四聖諦的景觀，就像
上述盲人的例子中可以看見天空、太陽、月亮，這些聖者可
以自由自在地覺察諸法。在此說明正見道是如何安立的。

　　「當正見安立了，正思惟就會展開！」

（*《相應部》·大品·道相應第一·無明品第一·無明經第一）

　　針對此點，如果正見安立了，正思惟（包括了從世間的

病苦中脫離出來的意念與規劃，並且可以保護其他的人免於受到摧毀與痛苦）也安立起來，經過多生累劫，一直到證得無餘涅槃。在此說明了正思惟是如何安立的。《註疏》說：展開就是指增長！

「當正思惟安立了，正語就會展開！」

如果從世間的病苦中脫離出來以及看到別人快樂、自在的意念與規劃，已經安立了，從語惡業中解脫出來的正語就會生起，而且會很迅速的安立下來。在此說明了正語是如何安立的。

「當正語安立了，正業就會展開！」

如果從語惡業中解脫出來的正語安立了，從身惡業中解脫的行為就會生起，而且會很迅速的安立。在此說明了正業是如何安立的。

「當正業安立了，正命就會展開了！」

當觀念、意向、言語、行為純化了，生命的型態也會變

得純粹，修行人就可以從底層的生命型態中不斷地解脫出來。在此說明了正命是如何安立的。

「當正命安立了，正精進就會展開了！」

當觀念、意向、言語、行為與生命型態純化了，從惡業、邪命解脫出來的精進就會不斷地安立下來。在此說明了正精進是如何安立的。

「當正精進安立了，正念就會展開了！」

因此，根植於戒、定、慧工夫的正念道，也會從此生到彼生中安立下來。在此說明了正念是如何安立的。

「當正念安立了，正定就會展開了！」

因此，根植於戒、定、慧工夫，以及對心靈擁有巨大掌握力的正定就會安立了。在此說明了正定是如何安立的。

在此，我們說明了稱為**預流法**的八正道是如何通過多生多世而迅速地安立下，從眾生證得**預流聖者**的階段的那一時刻開始，一直到最後證得**無餘涅槃**為止。

從**身念住**安立的刹那開始，就會展開上面所陳述的歷程。只要**決定** (niyāma) 的境界還沒有達到，眾生就還不是一位聖人，**預流道**是**預流聖人**的起點。一旦眾生證入**預流道**，他們就會進入聖人的領域。

　　因此，經文如是說：

　　「當他們第一次證入『**預流聖人**』，他們就稱爲『預流者』。」

　　在此結束有關答覆「他們爲何稱爲**預流者**？的問題。

　　眾生一旦證入聖人的境界，就超越凡夫的境界。他們不再是俗人或世間的眾生，而是變成出世間的眾生。他們不再是順從輪迴之苦的眾生，已經變成涅槃寂滅的眾生。縱使經過多生累劫，他們不會退回到涅槃的第一個階段。他們不會擁有回到**身見**的**隨眠**層次或凡夫境界的情愫。他們會持續地安立在**有餘涅槃**的第一階段，生生世世在地享受人類、天人、梵天的快樂。

　　進一步的詮釋，請參考我的作品《四聖諦手冊》、《第一義諦燈注》。

只有在證入道或果的剎那，八正道才會同時顯示給這些聖者。不過，對於世間善業，戒蘊三道支只與戒善業有關。至於定蘊三道支或慧蘊二道支，則與多種的善業有關連。

　　雖然戒蘊三道支只與戒善業有關連，對聖者而言，他們會生生世世，穩定地護持，不會違犯 (avītikkama)。

　　在此結束有關八正道的討論。

　　在三十七道品中純粹的法，包括了：欲、心、平靜、信、輕安(止)、慧、思惟(尋)、精進、三離(正語、正業、正命)、念、喜、制心一處(心一境性)等十四種法數。

第九章 如何修持三十七道品

　　遇見佛法的眾生，首先要安立**戒清淨**，修習三十七道品，以證得**預流聖人**的境界。

　　現在，我將簡要地描述吾人如何修持三十七道品。

　　修持**七清淨道**，就等於是修持三十七道品。

　　尤其是**心清淨道**，只與遵循**禪定行者**的修行人有所關連。

　　道非道智見清淨道，只與**增上慢**的修行人有所關連，這些修行人雖然還沒有證得**聖道**、**聖果**，他們卻認為自己已經證入。

　　戒清淨道、別解脫清淨道、行道智見清淨道、出世間智見清淨道，就會牽涉到許多種類的修行人。

　　有關這五種清淨道，**戒清淨道**是在**戒蘊道**之下處理的，這也包括了行持**活命戒**。

　　一般而言，**心清淨道**包括**身念住**的安立。有些修行人以

觀呼吸來安立**身念住**。一般而言，如果一位修行人不論在什麼時間、不論身體處於何種姿勢，都可以專心貫注在呼出、吸入上面，這樣的話，**身念住**就已經安立了。有些修行人安立**身念住**的方式，是按照《經》文（＊按：《長部》·第22經·《大念處經》）所說的四種身體姿勢：**行走時就思惟行走**，有些人則是以對於身體運動的正知正念來安立。此外，有些人是以觀照身體的三十二分來安立**身念住**。在此處，頭髮、體毛、指甲、牙齒、皮膚，稱爲**皮的五法**（*tacapañcaka*）。如果能在這些身體的部位上，穩定自在地觀照，那麼，不論身體是處於何種姿勢，都可以安立**身念住**。專注力也可以指向身體的骨骸。專注力如果可以穩定地安立在頭骨上，**身念住**就安立了。如果從一開始就可以分析地區分出身體的**色蘊**與**名蘊**，而且專注在這種功課的力量非常穩定，那麼，**身念住**的功課就完成了。在此，我們精簡地介紹**身念住**的方法。

如果一位修行人可以分析地覺察出**地、水、火、風、空、識**六界的話，就算完成了**見清淨道**的功課。

如果可以清晰地覺察出上述所提界的生起原因，**別解脫清淨道**的功課就算完成了。這位修行人必須清晰地覺察到**地**、

水、火、風、空的生起原因，是**業、心、時、食**，而六**識**生起的原因，就是知覺的六個對象。

行道智見清淨道是指無常、苦、無我的三法印。如果可以在上述所提及的六界中，清晰地覺察到三法印的話，就算證入行道智見清淨道。

出世間智見清淨道地是指四種道智。

在此，我們簡要地說明五種清淨道。

進一步的說明可以參見《諸相手冊》、《明道手冊》以及《飲食手冊》。

三十七道品諸品都是佛陀的遺產，並且成為佛法中無價的寶石。

第十章 佛法的遺產

現在，我將要檢視**佛法遺產**的構成因素。

佛法遺產是指接受佛法傳承的行為。

所施與之物，就稱為**遺產**。（*Dātabbanti dāyaṁ*）父母將財富視為遺產而贈給孩子。

「合適接受遺產者，就稱為**繼承人**。（*Dāyaṁ ādadātiti dāyādo*）孩子或子嗣，就是合適接受遺產者。

「由繼承人去接受遺產的行為，就稱為**承受遺產**。（*Dāyādassa kammaṁ dāyajjaṁ*）

「接受法的遺產的行為，在此稱為**承受法的遺產**。（*Sāsanassa dāyajjaṁ sāsanadāyajjaṁ*）

這也稱為**佛的遺產**（*Buddhadāyajja* 接受佛陀傳承的行為）。

首先，我將說明這份**遺產**的性質。

在佛法裡面有兩種遺產，分別是**食味財**利益與法。

一位比丘的四種必需品，分別為食物、衣服、居住地以及藥物，這稱為**財食味**的遺產。戒、定、慧三學，**戒清淨道、心清淨道**等七清淨道，四念住、四正勤等三十七道品，這些都稱為法的遺產。

法的遺產共有兩種，分別是：

一、世間法的遺產。

二、出世間法的遺產。

戒、定、慧的世間增上學、六種世間清淨道，以及與世間清淨道有關連的三十七道品，這些都稱為**世間法**的遺產。與神聖道、果有關的**增上學**、超世間的**智見清淨道**以及三十七種出世間的道品，這些都稱為**出世間法的遺產**。

世間法的遺產可以區分為：

一、輪迴所依法的遺產 (*Vaṭṭa nissita*)；

二·離輪迴所依法的遺產 (*Vivaṭṭa nissita*)。

或者分為：

一、決定法的遺產；

二、未決定的遺產。

修習戒、定、慧，要是為了朝向獲得世間的地位，例如名師、國師，或者為了追求尊嚴、權力、隨扈、財產，或者為了在輪迴中獲得神聖、高位階的人類與天人，這就稱為**輪迴所依法的遺產**。

輪迴運轉的三種型式，分別是**煩惱輪迴、業輪迴、異熟輪迴**。而所謂**離輪迴**是指終止這些輪迴運轉所達到的涅槃境界。修習戒、定、慧，就是為了邁向輪迴這三種型式運轉的終止，這就稱為**離輪迴所依法的遺產**。

為了最終證入涅槃而修習善業；就像在證得涅槃之前的階段當中的世間利益、歡喜重生，都會關連到**輪迴**與**離輪迴**，因此也稱為**兩依止** (ubhaya nissita)。不過，在巴利經典當中只提到**輪迴**與**離輪迴**。比較傾向證得輪迴結果的修行人，可以說是實踐了**輪迴所依法**，而那些傾向證得離輪迴結果的修行人，可以說是實踐了**離輪迴所依法**。

談到**決定**與**未決定**的分類。一般凡夫的**身見隨眠**巨大領域，就像烈火燃燒的巨大、深沉的海洋。一般凡夫偶而修習

的戒、定、慧，就像一粒小雨滴掉入火海中。「我圓滿戒律
了！我具足戒律了！我開發禪定了！我正覺知了！我相當機
智，我覺察色與名，我默觀色與名。這些都是宣示戒、定、
慧的行為，環繞著我的身見而打轉，所以，就像雨滴落入烈
火燃燒的大洋中。就像烈火燃燒的大洋，燒乾雨滴，蒸發殆
盡；身見的巨大國度也會讓這種戒、定、慧失去作用。因此，
這種在一般凡夫中生起的戒、定、慧，就是未決定階段。雖
然一般凡夫可以擁有戒、定、慧，不過，也是暫時性的。

　　預流聖者的活命世間戒，穩定地安住在佛法僧神聖無上
特質的世間禪定以及覺知四聖諦的世間智慧，都是屬於決定
的階段。就像雨滴落入不退轉 (anāvatti) 的大湖泊，縱使經過
多生累劫之後，這種世間的戒、定、慧都不會消失。

　　在此處，我們說明了世間法遺產的性質。

　　戒定慧的出世間法、智見清淨道以及伴隨八種超世間意
識的三十七道品，這些都是離輪迴所依。他們是決定（法）。
對於已經證入出世間戒定慧的聖人而言，也會生起世間的戒
定慧，達到決定的階段。這種修行人已經不會重蹈破戒、不

得定、劣慧以及闇愚的覆轍。

在此處，我們說明了佛法的遺產。

佛法的繼承人是：

一、比丘。

二、比丘尼。

三、沙彌。

四、沙彌尼。

五、式叉摩那。

六、優婆塞。

七、優婆夷。

在此處，式叉摩那（*sikkhamānā* 正學女）是指正準備成為比丘尼。

上述七種繼承人當中，前面五種稱為佛法中的追隨者或同事。人、天人與梵天，並不是佛法中的追隨者或同事，他們只是承受三皈依而已，這其中也包括了優婆塞、優婆夷。

在這七種繼承人當中，只有前五種佛法中的追隨者或同事才可以承受食財味遺產的四種需求。不過，這七種繼承人都可以承受世間與出世間法的遺產。在承受這些遺產中，對於世間戒律有特殊的考量。至於出世間戒律、世間暨出世間禪定、世間暨出世間智慧也有特殊的考量。

對於世間戒律的特殊考量是因為，前五種佛法中的追隨者或同事同時受持毗奈耶戒律與經律，而優婆塞、優婆夷只受持經律。

所謂的經律是指：

一、對於佛法中的追隨者或同事，是指《梵網經》(*《長部》‧第1經)所列舉的戒律。

二、對於優婆塞、優婆夷，是指八關齋戒與十戒。

頭陀行戒、根戒與緣起所依戒，也就是所謂的經律。

出世間道當中的正語、正業、正命，稱為出世間戒。這些戒律可以由五種佛法中的追隨者或同事所承受，也可以由優婆塞、優婆夷所承受。在此處，對於出世間戒並沒有特

別的考慮。在定、慧兩種遺產中，亦復如是。**七種清淨道與三十七道品就包括在戒、定、慧當中。**

在佛法的七種繼承人當中，前五種**佛法中的追隨者或同事**是奉獻給佛法的修行人，他們為了利益自己，宛如看管佛法遺產的繼承人一樣，讓三藏以及法的其餘資糧延續五千年。其餘的二種人只是利益自己的修行人。

看管佛法的修行人，承擔了佛法的責任，所以比繼承者的位階還要崇高。因此，一位六十歲的居士聖人，要向年僅七歲、剛剛剃度一天的年輕凡夫沙彌頂禮致敬。也因此，一位證入阿羅漢的比丘會向剛剛在他面前剃度的凡夫比丘致敬。

在此處，我們說明了佛法的繼承人。

三學、七清淨道、三十七道品，都是**與九出世間法**(* 指四道、四果與涅槃)相融的修行法門，因此稱為**法隨法行道**(*dhammānudhamma- paṭipatti*)。修習這些法的七種佛法繼承人也稱為**妙行者** (*suppaṭipanna*) 他們又稱為**正直行者** (*ujuppaṭipanna*)、**正路行者** (*ñāyappaṭipanna*)、**和敬行者** (*sāmīcippaṭipanna*)。雖然它們

可能是凡夫，是屬於向預流道修持的人，並且成為八聖人中的第一組（或第一階段）。縱使他們還是凡夫，還不是第一義聖人，依舊是法隨法行道智聖人。

我將舉證說明。在《學人行道經》中，佛陀說：

「藉著戒蘊成就爲聖者！」（*《相應部》·大品·道相應第一·《學人經》第三）

這段經文的意思是，經由修持三十七道品中的活命戒，來成就聖者的戒、定、慧。因此，在佛法中，所謂的優婆塞、優婆夷是指能夠持續在活命戒、三皈依中有所肯定的修行人，因而能夠部份地享有妙行者、和敬行者的特質，所以是法隨法行道智聖人。

這些特質是與僧伽的名字並舉的，例如：

「我皈依僧。妙行者，世尊，聲聞，僧伽。」

我們要瞭解，只有比丘、比丘尼是持戒的善良凡夫。在毘奈耶當中，除了受具足戒的僧伽之外，其餘的人就是沙彌、沙彌尼、式叉摩那、優婆塞、優婆夷。

一位修持**法隨法行道**(* 也可以稱為「三十道品」)的人，雖然他或她可能只是一位優婆塞或優婆夷，但在《經律》的論述中，就稱為沙門、**婆羅門**。

因此，在《法句經》中如是說：

「嚴身住寂靜　　調御而克制

必然修梵行　　不以刀杖等

加害諸有情　　彼即婆羅門

彼即是沙門　　彼即是比丘」(*《法句經》第142偈頌)

這段經文說明，修持**法隨法行道**(* 也就是修持「三十七道品」)、身心清淨的修行人，雖然穿著一般凡夫的衣服，也可以稱為比丘。

在此處，我們說明了佛法繼承人神聖崇高的地位。

佛法的遺產中有兩種，分別是善的遺產與惡的遺產。繼承人也有兩種，分別是善的繼承人與惡的繼承人。

在此處，我將說明《中部》、《根本法門品》、《法嗣經》的根本要義。

「諸比丘，汝等應繼承我法，勿繼承我財，我慰汝等，作是願言：『我諸弟子，是繼承我法，非繼承我財也。』」

這段經文的意義如下：

佛陀的遺產包括財的遺產與法的遺產兩種。

財的遺產有三種，分別是一、因緣財，二、世間財，三、輪迴財。

食物、衣服、居住、醫藥等利益，稱為因緣財。世間的聲望、莊嚴、尊嚴、權力，世間的地位，諸如老師、國師、部長、有錢有勢之人，擁有隨扈，這些都稱為世間財。娛悅的輪迴，例如輪迴到較高的地位、富裕的家庭、欲望需要都可以滿足的環境，這些都稱為輪迴財。

至於法的遺產，我已經解釋過了。

佛陀已經預見到，他證入涅槃之後，佛法會被這三種財的遺產的極端增長所壓倒，就像汪洋中的島嶼為三股洪水淹沒、浸入一樣。因此，佛陀留下如此的警語：

「諸比丘，汝等應繼承我法，勿繼承我財。」

憐愍 (*Anukampā*) 是指佛陀的憂慮或關切。

佛陀憂慮的是，當大海的洪水湧現的時候，居住在島上的人民會被洪水衝擊而四處漂浮。**財的遺產**生起、擴張的時候，佛法中的弟子會被浸入而無所適從，進而阻斷了無上的**法的遺產**。因此，佛法會留下如是的警語：「**我諸弟子，是繼承我法，非繼承我財也。**」

所以，這三種**財的遺產**會引起佛陀的憂慮與關切，這是令佛陀感到沮喪的遺產。因此，這三種**財的遺產**是壞的遺產。另外，三十七道品，例如四念住，則是佛陀所讚許的，可以清澈的心靈、從憂慮中解脫的遺產，因此，是善的遺產。

我們已經說明了善的遺產與惡的遺產，接下來要檢視善的繼承人與惡的繼承人。

尤其是，我們要記住，在**財的遺產**中的某些遺產是受到佛陀讚美的。它們是**一團食** (*piṇḍiyālopa*)、**糞掃衣** (*paṁsukūla*)、**樹下住** (*rukkhamūla*)、**陳棄藥**（* 由尿發酸所製成的藥），這四種**財的遺產**稱為**佛陀的遺產** (*Buddhadāyajja*)，它們是佛陀所准許的四種偉大傳統。

如果在這種情形下，就可以解釋佛陀爲何會接受一般奉獻者所布施的**餘財** (*atireka lābha*)，正如他所說的：

「多餘的寺廟、居住地點等等。」

包括**經律論三藏**在內的**學習聖典** (*pariyatti-sāsanā*)，是**修持法**與**實現佛法**的基礎。只有**學習聖典**安立了，其餘的兩種佛法也才能夠穩固下來。

現在是**劫微弱**的時刻，人的生命時間也在減少中，因此**護持學習聖典**長達五千年的責任就眞的很偉大。身爲佛法的奉獻者與護持者，這些僧侶的身心強度也在減弱中。因此，佛陀預見到，這些奉獻者與護持者想要在未來的時刻，去承擔護持**聖典**以及單獨住在樹下，不對**餘財**妥協，是不可能的。這是一項理由。

對於修行資糧不足的人，佛陀預見到，提供給他們的修行功課，例如廣泛地**學習聖典**、布施、持戒、提供資糧等，保障他們在來生的時候可以從苦界中解脫，並且在下次佛法的階段，可以從世間的痛苦中解脫出來。這是另外一項理由。

在此處，我們可以說，如果上述屬實，就等於是佛陀

親自巧妙地救度眾生，讓他們避免在**財的遺產**中流轉。在這點上，我特別要指出，因為學習聖典的奉獻者與護持者，不可避免會與**助緣財、世間財**有所關連，為了不沉溺在**財的貪欲**上，佛陀所開示的，以及留傳下來的**觀察淨**（*paccavekkhaṇa suddhi*）修行法門，例如**如理觀察衣**，就要加以關注。所以，如果這些修行人依照**觀察淨**的儀軌生起資具依止戒律所思的智慧，就可以乘此智慧之船，從兩種**財的貪欲**中解脫出來，即使他們必須生活在**財的貪欲**當中，也不可能沉浸、漂浮在**財**的汪洋大海中。

所謂的沉浸、漂浮，它們的意義是指：在**資糧財、世間財、因緣財**這三種財當中，失去**覺察過失的智慧**，就是所謂的沉浸。長時間缺乏力量覺察過失，即使經過生命的三個階段，還是在這三種財裡面享樂，這就是所謂的漂浮。

為了防範所謂的沉浸與漂浮，佛陀在《法句經》中就說：「三時中一時，智者應醒覺！」（*157 偈頌*）

這是說，如果一位修行人在生命的第一個時期是沉浸、漂浮的，就應該在第二個時期當中努力自我淨化。不過，如

果一位修行人在生命的第二個時期當中，還是沉浸、漂浮的，就應該在生命的第三個時期當中努力自我淨化。

在此處，所謂的**自我淨化**是指擺脫對於**財的遺產**的執著之後，在**三十七道品**中安立下來。這就是指在**四種聖人財法**中自我安立，它們分別是：

衣寂靜：在衣著上很容易滿足；

乞食寂靜：在乞食上很容易滿足；

住所寂靜：在住所上很容易滿足；

修習樂：在靜修中生起喜樂。

佛陀說過，如果一個人在生命的三個時期都是沉浸、漂浮在**財的遺產**中，他就會被丟進**苦界**當中。因此，佛陀在《法句經》中就說：

「如鐵自生鏽，生已自腐蝕。
　　犯罪者亦爾，自業導惡趣。」 (*240 偈頌)

這段佛陀的開示 (* 參見《法句經註疏》第三 *Tissa-tthera-vatthu*)，提到了一位在祇樹給孤獨園往生的比丘。由於這位比丘在臨死

之前，還是執著他的衣服，結果就重新投胎爲寄生蟲，寄居在他生前的僧袍上。如果連執著在衣服上都會讓一位修行人落入苦界當中，對於更爲巨大的執著，還需要說什麼嗎？

衣服應該視爲僧團的共有財產，所以是法的財產。這位發生問題的比丘也是細心護持二二七條毘奈耶學戒的修行人，所以說，一套僧服可以讓具足二二七條學戒的比丘淪入苦界，那麼，對於只有受過五戒的一般凡夫而言，他們對財物充滿了貪愛、嫉妒，結果會如何還需要多言嗎？因此，一位有修行的人應該觀想和要求**厭離心**（*saṁvega* * 由於觀想這個世界的悲苦所生起的恐怖感）。

我現在舉例加以說明。

曾經有一位富人家，他坐擁金銀財寶，可是爲了避免在艱困的時候遺失這些財產，就把它們埋到地底下，只保留價值約六萬的現金、稻米、衣服與裝飾品，可以隨時使用。

這位富人有六個兒子。他死亡的時候，將財產平分爲六份給六位繼承人，而埋藏在地底下的財產也以同樣的方式分配。不過這些埋藏起來的財產，只有當這些主人自己從地底

下挖出來，才能爲這些繼承人所擁有。

有一個兒子非常貪婪，對於可以直接使用的財產，他相當不滿足，有意垂涎埋藏起來的財產，不耐於長久的等待。所以，它努力挖掘出寶藏，成爲一位富人。

有一個兒子非常精進，不會把日以繼夜的努力當作是一種負擔。所以，他用盡心力，努力挖掘那些埋藏起來的財富，結果他成爲一位富人。

有一個兒子非常執著，從繼承財產開始，他的心總是懸掛在財產上，因爲他太執著在財產上面，於是寢食難安。所以，他全心全力挖出那些埋藏起來的財富，成爲一位富人。

有一個兒子非常聰明、機靈，他就設法建造機器來挖掘寶藏，所以就成爲一位富人。

有一個兒子則缺少貪婪心，他認爲一萬元的財產就夠用了，不需要那些埋藏起來的財寶，安於那些可以直接運用的遺產。

有一個兒子揮霍無度，花掉所有的財產，最後連購買挖掘寶藏鏟子的錢都沒有剩下來。他墮入歧途，終於被外放逐到他鄉流浪。

　　在這個例子當中，佛陀就像這位富有的父親，**戒清淨與法學習**就像直接可以使用的財富，建構心清淨的禪定與神通就像埋藏起來的銀，如見清淨的四種世間智慧，清淨就像埋藏起來的黃金，**出世間的智見清淨**就像埋藏起來的珠寶，佛教內的凡夫與比丘就像這六位繼承人。

　　在佛教當中具足**欲神足**的修行人，就像充滿貪婪的第一個兒子。具足**欲神足**的修行人，不會滿足於**戒清淨與法學習**的資糧。他們認為，以這種資糧不會遇見佛法或者變成佛法的繼承人。為了達到更高的清淨道，他們蘊育了巨大的欲望，不達目的，絕不終止。

　　具足**勤神足**的修行人，就像努力精進的第二個兒子。這種修行人只有當他們著手去追尋還沒有擁有的高等成就，內心才會感到快樂與自在。

　　具足**心神足**的修行人，就像強烈執著的第三個兒子。這

種修行人一旦認知到修持一項功課會產生巨大的利益，他們就會祈求強烈的佔有，他們的心也不會漂浮到其他的事務上。

具足**觀神足**的修行人，就像聰明機靈的第四個兒子。這種修行人只有當他們著手去追尋難以證得、深沉但又可以生起巨大利益的智慧時，內心才會快樂與自在。

缺少**神足**卻只擁有初級欲望、精進、心與智慧的修行人，就像滿足於現有財產的第五個兒子。這種修行人缺少信與欲，他們甚至認為在今生當中是達不到更高的清淨道。由於他們缺乏精進的力量，縱使勉強去實踐，也會欲振乏力。因為他們的意志力是脆弱的，就會反對精進，並認為不可能（證得更高的清淨道），他們的心就沒有貫注在這種修行功課上。當他們聽到眾多理論與開示，就動搖了。由於缺少知識與智慧，他們認為這種修持功課超過了自己的能力範圍，就加以拒絕。因為佛陀期待這種修行人，才會如是說：

「修習欲神足！修習勤神足！
　修習心神足！修習觀神足！」

佛陀在這些語句中驅策一切眾生強化他們的**神足**，例如

欲神足等等，只有這樣子，才會生起新的欲望與新的思想。

在佛教中，德行上有缺失的凡夫與比丘，就像第六個兒子。對於一般凡夫而言，在護持三皈依以及五戒、八關齋戒等常戒上有所缺失的修行人，就不具足優婆塞、優婆夷的特質，僅僅是佛法的繼承人而已。對於比丘與沙彌而言，犯了波羅夷戒罪（*失去出家身分的罪行），就不具足好比丘或好沙彌的特質，只是佛法的繼承人而已。如果一般的凡夫，即日起發願護持五戒或八關齋戒，就可以立即成為優婆塞、優婆夷的佛法繼承人。

這個例子說明了，有許多修行人的確是列在這個父親（佛陀）的遺產當中，可是只有以**四神足**當中的任何一項為基礎的修行人，才能夠享受到這些遺產的全部利益；連**四神足**當中的任何一項神足都沒有具足的修行人，只能享有這些遺產的表面利益，他們沒有機會享受這些遺產的真實本質。有些修行人因為任意花費他們的遺產，甚至沒有機會享有這些遺產的表面利益，因此與佛陀的遺產、佛法的遺產切斷關係了。

佛法的繼承人也可以分為：

一、決定的繼承人；

二、未定的繼承人。

從未在自身中證得**無常智**與**無我智**的修行人，就是所謂
的**未定的繼承人**。**未定**是指，他們今天可能是**一切智佛**的弟
子或是**一切智佛**的繼承人，但是，他們可能明天就變成另一
位導師的弟子與繼承人，甚至會輕蔑、摧毀**一切智佛**的佛法。
在今天，有些修行人甚至會從信仰佛法轉而信仰基督教，而
且會輕蔑、暗中毀損佛法。這些修行人在死後投胎轉世之後，
也就非常容易轉變，這是可以想像得到的。

一位修行人可以在這個月是**一切智佛**的弟子，下個月卻
是另一位導師的弟子；今年是**一切智佛**的弟子，明年是另一
位導師的弟子；在生命的第一個時期是**一切智佛**的弟子，在
第二個時期卻是另一位導師的弟子；在生命的第二個時期可
能是**一切智佛**的弟子，可是在第三個時期卻是另一位導師的
弟子；今生可能是**一切智佛**的弟子與繼承人，來生卻是另一
位導師的弟子與繼承人。

因此，佛陀在《無礙解脫道》上如是說：

「凡夫之所以稱爲凡夫，就是因爲他仰視了許多導師的面容。」(*參見《無礙解脱道註疏》第九·Saṅkhārupekkhā-ñāṇaniddesa-vaṇṇanā)

這段句子的意義是，在過去無數的輪迴中，一般的凡夫從未恆常地抉擇一位皈依的導師，反而是今天皈依這一位導師，明天皈依另一位導師；今年皈依這位導師，明年皈依另一位導師；今生皈依這位導師，來生皈依另一位導師。在過去的無數輪迴中，有緣親近並皈依一切智佛的機會的確是非常稀少。有時候他們會皈依梵天，有時候皈依帝釋天，有時候皈依諸天，有時候皈依太陽，有時候皈依月亮，有時候皈依星辰，有時候皈依大地的神靈，有時候皈依魔鬼，他們如此做，就好像這些皈依是全能的樣子。

在這個世界上，錯誤的導師非常的多，也有許多凡夫親近並且皈依這些錯誤的導師。有時候，他們會皈依龍；有時候會皈依迦樓羅（鳥），有時候會皈依河流，有時候會皈依山，有時候會皈依火，有時候會皈依水(*參見《法句經》188偈頌)。因此，受到身見折磨的凡夫，他們所親近的導師種類、數目很自然的就非常的多。他們所親近、皈依的錯誤導師愈多，他們就會愈沉淪到苦界與地獄。

再進一步說，如果從今生開始，他們持續在輪迴中漂蕩，並充滿了對於身見的錯誤執著，那麼，他們就會不斷變更他們所親近和皈依的導師。一般凡夫的處境是多麼的令人感到驚駭、恐怖、污穢！

　　這就是「凡夫之所以稱為凡夫，就是因為他仰視了許多導師的面容。」這句話的意義。

　　每一次凡夫改變他的導師與皈依，他所依賴的理論與原則也會發生變化。有時候凡夫會依賴一切知智所制訂的增上戒，有時候會依賴一切知智的牛戒 (gosīla)，或者是依賴牛的規範；有時候會依賴狗的規範，有時候會依賴象的規範。因此，他們所採用的、依賴的倫理規範也非常雜多。從見的角度來看，眾生所採用的、依賴的正見，卻是非常稀少。相反的，眾生所採用的、依賴的邪見，卻是非常雜多。所採用、依賴的邪見與規範愈多，他們就會愈沉淪到苦界與地獄。

　　由於凡夫所擁有的無盡錯誤與剛愎，他們在輪迴中飄蕩時的最大錯誤，是皈依了一位錯誤的導師，而這種錯誤也帶給他們巨大的傷害。這是因為皈依一位錯誤的導師，會產生

錯誤的倫理原則與規範，而且，很難再度化生爲人類。這就好比一棵巨大的**希望樹** (*padesā*)，原本會生長出善的果實，可是因爲完全生長在地獄界當中，就會生長出惡的果實。

在此處，我們說明佛法中**未定**繼承人的未來道路。

在自身中覺察到**無常**與**無我**特質的修行人，就可以從**身見**的王國中解脫出來，因而變成佛法中**決定**的繼承人。所謂的**決定**是指，縱使經過未來無止盡的輪迴中，這些修行人都可以從尋求、依止錯誤導師的疑慮中解脫出來。經過未來一連串的再生，他們變成了**一切智佛**的眞正兒孫，成爲**初級預流聖人**的家庭成員。雖然他們可能還要經過多生累劫的輪迴，不過，他們對於佛、法、僧無限、無可比擬的特質的觀照，會一世比一世更加清晰、明亮。

戒定慧三學、**戒清淨**等的七清淨道以及念住、正勤、如意足、精進、力、菩提支、道的三十七道品，都是法的遺產，而生生世世會在他們的內心當中日益豐盛。對他們而言，**聖典、行道、洞察三學**，經過多生累劫也會持續地穩固下來。

雖然他們還是在輪迴中享受著人類、天人、梵天的快樂，

並且永不改變他們的導師與皈依。作為出世間或者聖人領域的眾生，他們還是在輪迴中飄蕩；不過，他們不再是會受到輪迴的悲苦之輪所影響的眾生，也不會在輪迴巨輪中沉淪、窒息、困乏與漂流。他們已經成為涅槃的第一階段——所謂有**餘涅槃**的真實眾生。經過**初級預流**聖人的快樂生命型態，他們必然會躍昇到**無餘涅槃**的境界。

在無止盡的輪迴當中，所有的智者、天人、梵天只成為**一切智佛**的真正子孫，才會變成決定的眾生，並且希望遇見佛、法、僧。他們必須受持戒律，希望以這種行為來遇見佛、法、僧。

在此處，我們說明佛法中**決定**的繼承人不可偏離的正道。

佛陀在《經藏》、《論藏》中多次揭露這條道路，並且如是說：

「因為斷除了三結縛，這位修行人成為『三十七道品』的繼承人。他在更高階的道果中止息了。」(*三結縛，就是指「身見」、「疑」與「戒禁取」；其中，「身見」是根本的或主導的因素。)

在此處，我們結束有關未定的繼承人與決定的繼承人的說明。

善良的、有德行的修行人會覺察出，什麼是善的遺產與惡的遺產？什麼是決定的遺產與未定的遺產？什麼是善的繼承人與惡的繼承人？什麼是決定的遺產的繼承人與未定的遺產的繼承人？要是這些善良的、有德行的修行人渴望變成佛法中惡遺產的繼承人，他們就不會在過去生累劫中付出努力；就是希望變成善遺產的繼承人，他們才會付出努力；要是他們渴望變成未定的、暫時的遺產的繼承人，就不會修持布施、戒律與禪定，就是因為他們渴望成為決定的遺產的繼承人，（才會修持布施、戒律與禪定）。

就既有的事實來細心觀察，從成為佛陀的弟子暨繼承人的修行人身上，佛陀並沒有准許他們成為惡的繼承人，不讓自己變成暫時的、未定法的繼承人，因此，佛陀是反對佛法中的惡遺產。這些修行人應該努力成為三十七道品這種善遺產的繼承人，努力成為決定法的繼承人。

在多生累劫的輪迴中，不論是何時修持了布施、戒律與

禪修的行為，由於眾生通常希望藉由這些善的行為，能夠在來生轉為人類的時候，可以遇見佛陀，可以從世間的痛苦中獲得解脫，或者可以證得**道智**、**果智**與涅槃。所以，對它們而言，希求法的遺產是很稀鬆平常的。可是，希望藉由這些善的行為，在未來生中可以遇見佛陀，並且獲得世間的財富與地位，這就很少有的。他們很少渴望這些**財的遺產**，也很少渴望以這些善的行為來獲取**有成就**、**財成就**、**自在成就**的的機會。

可是，在今天，**助緣貪欲**、**世間貪欲**、**輪迴財貪欲**這些惡的遺產卻變成主導的因素。現代的男女不再喜歡聽到與上述三種貪欲相反的**四聖種法**。就先前提過的**四聖種法**，是很容易在食、衣、住上面滿足的，而且可以在**禪定**的功課中獲得喜悅與快樂。**四聖種法**之所以稱為四聖種法，因為這是諸佛、佛弟子以及佛的繼承人所不能棄置的法門。

在此處是提醒已經具足智慧的修行人。

面對在智慧上出現瑕疵的修行人，祇要大量去做善事，就可以稱得上是善良的修行人。

不過，對於已經具足智慧的修行人而言，如果希望在今生或來生在天界中成爲決定法的繼承人，就要受持活命戒、安立身念住，而且（至少一天當中有三小時）努力在身體的五蘊上完成三法印的覺察。如果他們可以在五蘊中覺察出三法印，就可以成爲決定的繼承人，達到初級預流聖人的位階。

　　爲此，請參閱拙著：《諸相手冊》、《明智道手冊》、《飲食手冊》、《第一義諦手冊》。爲了通往決定的初級預流聖人的道路，請參閱拙著：《四聖諦手冊》以及《第一義諦燈炬》中有關涅槃的章節。

附錄一

證入無我的利益

【譯者按】雷迪大師 (Ledī Sayādaw 1846-1923)，是緬甸當代僧人中，德行、學養兼具的修行人，他的著作等身，多達七十六冊，其中十六冊是用巴利文撰寫，其餘為緬甸文。他也是二十世紀初期，獲得國際佛教團體肯定的南傳僧人，英國巴利聖典協會 (PTS) 出版他的作品《哲學關係》，法國巴黎佛教團體也派人專訪，足見他修行魅力之所在。1911 年，印度政府更特贈「Aggamahāpaṇḍita」（首席大智者）的頭銜，聲譽益隆。

雷迪大師力主推動四念處直觀法門，尤其是以受念處為入手，他並自巴利三藏中舖陳了完整的體系，對緬甸佛教的影響，可說是既深且遠。本文係譯自《佛教手冊》附錄，為 Anatta Dīpanī（無我手冊）的濃縮英譯本。

現在，我將揭示證入無我所生起的利益。

如果一位修行人能夠清澈地覺知到無我的特徵，他就達到了預流果的境界，因而完整地斷除我見或身見。

◎ 證入「無我」與過去的業

在無止盡、漫長的輪迴中流轉的眾生，能夠遇見佛教是非常難得的，在百千萬劫中，他們總是遇不到佛教，也沒有

機會聆聽佛陀的教誨。無數世與劫數中，眾生總是受到先前的惡業與錯誤所折磨。因此，在眾生的作意思惟中，這些無數的業總是讓他們墮入無間地獄。同樣地，這些無止盡的業也會讓他們墮入等活地獄以及其他的地獄，或者以餓鬼、阿修羅、畜生等等方式再生。

我見是舊惡業之首，因此，持續地依附在眾生上。只要身見存在，這些舊惡業就會非常猛烈，充滿力量。雖然眾生可以像在六天界的天神或帝釋天盡情享樂，終究還是會落入四苦界。同樣地，眾生雖然可以在色梵天、無色梵天盡情享樂，他們終究還是會落入四苦界。

棕櫚樹上的果子，雖然是長在樹巔，果子終究會掉落地面。只要棕櫚樹幹依然挺立，果子就會掛在樹上，不過，一旦這些樹幹萎靡了，果子無可避免地掉落地面。同樣地，只要天神、梵天的生命**樹幹**，依舊完整無缺，天神、梵天有機會生於天界與梵天界而受**我見**的折磨。這些生命**樹幹**一旦切斷了，他們必定淪入低層的苦界，就像果子掉落地面一樣。因為**身見**是恆常地出現在眾生的作意思惟中，**身見**所帶來的苦惱，遠比摩奴大山還要巨大，這是因為**身見**在其內在意識

中，聚合了無窮的惡業。

因此，眾生即使生活在最高的梵天界當中，只要作意思惟的身見依舊存在，就會持續地淪入苦界。至於生活於低層的梵天界或天神界，乃至於人類的眾生，情況就更糟了，勿庸多說了。雖然這些眾生可能是梵天王、天神王或帝釋天王，他們的作意思惟，就含藏了八層地獄。同樣地，他們的作意思惟，也含藏了無數的低層地獄、餓鬼道、阿修羅道與畜生道。這是因為這些眾生沒有體會到，淪入這些低層與貪吝世界的傾向是恆常地呈現在他們的作意思惟當中，而梵天王以及天神王仍然從這些境界中追逐快樂。

當舊惡業之首的身見，完全滅盡了，伴隨眾生而無止盡輪迴的一切舊惡業，會徹底息滅。

不用說從前世伴隨而來的舊惡業，只要在今生所作的無數惡業中，諸如殺生、偷盜的業，只有當身見完全息滅了，他們的果報才會徹底消失。對於這類眾生而言，還是會害怕蝨子、昆蟲的迫害，但是，已經不需畏懼過無盡惡業的果報。

這些作意思惟的眾生，一旦完全從身見中解脫出來，即

使他們還是人類，卻已轉向天神界以及梵天界了。雖然他們還在低層的天神界以及梵天界，從那時起，就會轉生較高級的天神界以及梵天界。就好像雨季末期，蒸氣會不斷從山林中浮昇起來。

由於斷除身見所生起的利益，與過去的業果有關連，這正顯示了斷除身見的重要性。

◎ 證入「無我」與未來的業

人類、天神與梵天，有身見在他們的作意思惟中，今天可能是善良的、有德行的眾生，但是，可能在明天、後天、下個月、明年或來生，犯無止盡的惡行，諸如弒母、弒父、殺阿羅漢的重大殺業，或者偷盜的業。很可能，今天他們生活在佛教中，但是，明天或次日，他們可能逾越了佛教，甚至變成破壞佛教的人。

人類、天神以及梵天，雖然他可能依舊在來世中流轉輪迴，可是一旦覺知到無我，並因而完全從他們的作意思惟中，根絕了身見，他們從那刻起，甚至不在夢境中犯惡行以及其他的惡業。他們自身見解脫，一直達到涅槃的最後存在，雖

然歷經持續不斷的存在與輪迴，他們還是生活於佛教之中。對他們而言，佛教消失的地方，就沒有任何的境界值得留念了。

由於斷除**身見**，與未來的業有關連，這正顯示了斷除**身見**所生起的利益。過去的業如何不發生效力？

過去無數的業如何在**身見**息滅的剎那不發生效力呢？以下舉例說明：

「一串念珠，是由一條堅固的絲線穿引，將無數的念珠串連起來的，如果其中的一粒念珠拉動了，其餘的念珠也會被拉動。但是，如果抽掉絲線，再去推動其中的一粒念珠，也不會影響到其他的念珠，這是因為它們之間不再有任何的牽連了。」

一位執取**身見**的眾生，在過去生與劫數中，將一系列的**蘊**，給與強而有力的牽連，並轉化為**我**。在過去生與過去劫中，**我**已多次轉生為人類、天神或梵天！他這樣思惟，就是尋求這條**身見**的繩索。因此，過去生和劫中所犯的無數惡業，以及還沒有報應的惡業，都因著他再次轉生，尾隨而至。這些過去的惡業，彷彿被捆綁的念珠，是由一條強勁的繩索連

結起來。

只要眾生清楚地覺知到**無我**，並且消除了**身見**，甚至能在一堂禪坐中，覺知到**色蘊**與**名蘊**的生起與消失，並見到分離的現象，而不是連結的統一體。**自我**之概念，就像繩索一樣，不再現前了。諸蘊就像繩索拆除後的念珠，四處分散。他們清楚地覺知到過去所犯的惡業，不再是**個體**、**眾生**、**我**、或**我的業**，他們是在剎那間生起又消失。這是為什麼，當**身見**消失了，過去的惡業也就會完全地消失的緣故。

以上我們只觀察惡業的消失。但是僅僅經由**身見**的消除，過去的惡業不會消失，只有達到阿羅漢道，愛欲徹底根絕了，惡業才會完全消除。

◎ 「身見」的罪惡

身見之惡是極端深刻，影響深遠。

一位犯了弒母業行的人，必定被所謂淪入無間地獄的境界相所震懾，因而將弒母的業行，**轉化為自我**，並且深受諸如：**我犯了錯誤！我真的錯了！**等想法的巨大苦惱。如果這

眾生完全體證**無我**，並且能夠丟棄諸如**我真的錯了！**的想法，那麼，弒母業行就不再發生作用。不過，眾生不易斷除這種想法。

雖然，業無意伴隨眾生，也無意產生業果，卻是由於眾生執取諸如**這是我所犯的業，這是我的業。**因而受到強化。因為這種強有力的執取行為，業才產生果報。世俗人就是以這種種方式受到迷惑，因而執取**身見**。

惡業，也是這樣。因為**身見**強有力的執取行為，惡業經由輪迴，伴隨眾生，他們可以因此而再生，並產生業報。

眾生發現當他們受到業果壓迫，並承受巨大艱苦的過程中，他們並沒有棄絕惡業。這些眾生視惡業為**我所做的惡業**，因而執取他們，既使他們可能在地獄中，經歷了由業所產生的苦果。因為眾生沒有棄絕這種惡業，這些業不但沒有助益，反而產生果報。這些業持續產生果報，這些眾生因而不能從地獄中解脫出來。這就是**身見**之所以罪惡深重的所在。

同樣地，眾生極端地畏懼疾病、年老與死亡。不過，由於他們承受這種畏懼，反而執取過去意外事件中的疾病、年

老與死亡，而這樣思惟：「在過去，我已多次經歷了疾病、年老與死亡。」因此，他們發現無力棄絕這種可怕的現象。因爲他們無力棄絕疾病、年老、死亡的現象，反而伴隨他們，反抗他們自己的意志，因而持續產生壓力。疾病、年老與死亡的現象，勢必出現。這就是**身見**之所以罪惡深重的所在。

今生也是這樣。當外在與內在的過患一起現前的時候，眾生被疾病巨大地壓迫，他們反而發展出一種對疾病的執取，而這樣思惟：「我感到痛苦，我受到傷害，我被灼傷所壓迫。」因而執取他們。這種執取的行爲是一種束縛的行爲，阻礙了他們從疾病脫離出來的契機。這是因爲**身見**束縛的行爲是如此猛烈，以至於在漫長、無盡的輪迴中發現，這些疾病是不可分的伴侶，而延續至今生。因此，**身見**對於這些疾病，產生一種繫著，且在今生仍巨大地壓迫眾生。

雖然這些巨大的過患與痛苦，並無意伴隨這些眾生，也無意如此維持下去，可是，因爲**身見**的牽引，反而一世一世持續地伴隨眾生。

來生也是這樣。這樣思惟：「我們將經驗疾病，我們將

面臨老年，我們將面臨死亡。」這些身見的行為，係從此刻執取未來疾病、老年、死亡的可能性，並將他們連繫到眾生。因此，這種束縛行為並沒有被摧毀，反而是在未來，會很確定地面對這些可能性。這就是身見之所以罪惡深重的所在。

以上略述身見是如何罪惡深重。

◎ 表面的執著與深度的執著

愛欲與慢的執著，並不是見的執著。愛欲是以這是我的財產的形式，執取三界之內的一切現象。慢則是以這是我的形式，執取一切現象。在眾生執取身見的例子中，愛欲與慢追隨身見所給予的道路。

在預流果、一來果、不還果聖人的例子中，他們已經斷除了身見，而愛欲與慢則追隨想顛倒與心顛倒。由想顛倒與心顛倒所產生的執取是表面的，由身見所產生的執取則是深度的。

以上，我們以描述惡業如何整個與身見的消失而止息，來結束本文。

附錄二

業力五問

【譯者按】本文是緬甸雷迪大師在二十世紀初期會晤一群法國巴黎思想家時，就一連串提交的業力問題所作的答覆，原文是由法文與緬甸文交互進行的，深入探討了許多深具形上學涵義的議題。

雷迪大師是飽讀佛教巴利聖典的智者，經他深入的援引巴利名相，讓譯者更能掌握住其中的要義。

【第一問】

問：父母親的業力會不會決定或影響孩子的業力？（請注意：在生理上，孩子繼承他們父母的生理特徵。）

答：在生理上，孩子的業力一般都是受到父母親業力的決定。因此，健康的父母通常培育出健康的後代，不健康的後代只會生出不健康的孩子。另一方面，在道德上，一位父親或母親的業力並不是任何方面都可以影響或決定他們孩子的業力。孩子的業力是他自身的一部份，這形成了孩子的個體性、整體的特點以及過去無數生命累積的缺失。例如，佛

161

陀的業力－悉達多太子，可以確定的是不受他的父親飯淨王，母親摩耶夫人共業的影響。佛陀的榮耀、強大的業力超越了他父母的業力，他父母的共業壓制不了佛陀自身的業力。

【第二問】

問：如果父母的業影響不了他們的孩子，那麼要如何理解深受某種疾病痛苦的父母，很容易就把這些病痛轉移到他們的後代呢？

答：一個孩子遺傳了某種疾病，這種病是基於其父母特有的力量使然，這是所謂的父母的種子力量 *(utu)*。舉例來說，同一株樹苗的二粒種子，一粒種植在低處、乾燥的土壤，另一粒則種植在豐沃潮濕的土壤。結果是第一粒種子萎靡不振，奄奄一息；另一粒種子則相反，長得茂盛，茁壯爲一棵高大壯碩的樹木。

如此一來就可以知道，同一對的種子放到不同的生長土壤，成長的結果就不一樣。以人類爲例，一個孩子的過去業力可與種子相互比擬。母親身體上的性格就像土壤，父親就像生長土壤的濕度。爲證明這個議題，我們再舉例加以說明，

樹苗的發芽成長與生存是一體的，種子佔十分之一，土壤佔十分之六，濕度等其他因素佔十分之三。因此，發芽成長的力量潛存於種子（孩子），它的快速成長取決於土壤（母親）與濕度（父親）。

因此，對樹木的成長而言，土壤、濕度等條件大多數居於決定性的因素；所以父母（或其祖先）的影響（畜生界亦復如是），是要加以審慎考量的。父母（或其祖先）在身體的特徵上分享了業力的影響。如果是人類，那麼他們的子孫也將會是人類；如果牠們是牛群，其後代也一定是同一種類。如果是中國人，其後代也會是同　種族，並且不可避免的具有其祖先相同種族特徵。據以上的分析，縱使一個孩子的業力非常強大，他也不可能全然不受他父母親的影響。他很容易在身體特徵上受其父母的遺傳，不過孩子自身的業力確是最具影響力的，遠超過父母二者的業力。至於父母親（身體上）的遺傳病症，是可以經由醫術治療的。

一切有情眾生都是這三種力量交互影響的結果，第一是過去生舊有的業力，其次是母親的卵子，再其次是父親的精子。父母親身體特徵的影響或多或少是相等的，也許其中一

方可能大一些或小一些。一個小孩的業力與身體上的特徵，例如種族、膚色等都是這三種力量的結果。

【第三問】

問：有情眾生死亡了，**靈魂**可以隨意自在遊蕩嗎？

答：當有情眾生入滅了，或者會再投生為人類、天人、梵天，或者墮入下界畜生，或者淪入地獄的某一層國土。懷疑論者與不可知論者堅持有所謂的**中陰身**階段 (*antarabhava*)，**中陰身**不是人類、天人或梵天，也不是佛典中任何一種被確認的存在狀態；有的人甚至認為**中陰身**還具有五蘊的功能。

有些人更認為這種**中陰身**是解脫了身體束縛的**靈魂**或**精神**；也認為**中陰身**擁有類似天人的神通，具有隨意自在的特異力量，因此可以從某一種存在狀態轉變為另一種存在狀態。

其他的人更堅持一種虛幻錯誤的理論，認為**中陰身**是可以幻化為其他確實存在的境界，進而成為其中的一份子。他是貧困之人卻幻想自己是富裕之人；他可能是處在地獄當中卻幻想自己是在天人國土等等。

這種**中陰身**的信仰是錯誤的，依佛陀的教義應加以譴責的。此世的人類依其業力，來生還是注定投身為人類，有的人依其業力轉世為天人，投生天人的國土；有的人來世則墮入地獄，未來可在地獄界中找到他。

　　實體或**靈魂、精神、來、去、變化、輪迴**，從某一存在狀態轉為另一種存在狀態等等觀念，這都是由於不可知論與唯物主義所催生的，並不是法所確證的，並沒有各存在狀態之間的**來、去、變化**等等。法的概念，可以對應到電影動畫的畫面，或留聲機所發出的聲音加以佐證。例如人類死亡了，投生天人的國土；雖然這二種存在狀態是不同的，然而在死亡轉化的時刻，二者之間的連繫或持續性並沒有因此而中斷。

　　以人類為例，來世的存在狀態也有可能是最底層的地獄。人類的居住場所與地獄之間的距離還是很巨大的。在投生的轉折點上，從某一種存在狀態過渡到另一種存在狀態的持續性是不會中斷的。沒有任何物質或空間，可以阻斷從人道墮入地獄的個人業力。從某一種存在狀態轉生另一種存在狀態是立即而至的，那比起眨眼或閃電的閃光還要快上無盡數倍。

業力決定了轉生與一切有情界的存在狀態（直至證入「涅槃，才可以超越存在的輪迴」）。

業力的果報是多元的，受到多方面的影想。宗教上的供養可以促使一個人轉化為人類或天人（轉生六個天人界的哪一界是依照他修持的結果而定），而且據此遵行宗教上的戒律。至於五種禪定的開悟狀態，則可以從梵天一直證入最高的第二十層梵天界。當然也會依照所犯惡業的層級，逐次降至最底層的地獄。所以我們過去現在未來的業力是按照我們行為的善、無記、惡來確立的。從上述所說的，可以知道我們的業力決定了我們存在狀態的變化。

因此惡靈並不是**中陰身**階段的眾生，而是非常低層次的眾生，他們隸屬於五道眾生中的一種：人道、天道、地獄、畜生、餓鬼。他們非常接近人道。由於他們的存在狀態是不快樂的，因而被認為是**惡靈**。雖然人類有時會受到暴力突然死亡，因而墮入較低的天人國土，但是所謂人死後再生為**惡靈**的說法不是真實的。

【第四問】

問：有沒有一種人是可以準確無疑地說自己或他人的過去生？

答：如實說來，這不是常態，而要按佛教有關業力的信念而來的。這種人稱為本生宿智眾生 (jatisara puggalo)。

當投生為人時，下述所列的人大多是不記得前世的：

早夭的小孩；

年老體弱的人；

服藥或飲酒過度的人。

在投生的過程中，這些人的母親或是在病苦中或是輕率懷孕，因此他在母親的子宮中就失去了一切前世的知識。

而以下所述投生的情形，就可以具足過去生的知識：

不是由人道投生的，而是從天人、梵天或地獄投生的人，就可以記起他們的過去生。

身體健康卻因其他原因而突然去逝的人，他在轉世中還具足前世知識的能力，當然他母親的子宮也要是健康的，心

境是清淨安祥的。

再者是生活安穩、具足德行、過去生曾證得宿命智的人。

最後是佛陀、阿羅漢、修行的聖者，他們已經證入宿命通智（*pubbenivāsa-abbhiññāna*）。

【第五問】

問：五種神通是指什麼？只有佛能證得嗎？

答：五種神通是指：**神變通、天耳通、他心通、宿命通、天眼通。**

阿羅漢、修行的聖者也可以證得這五種神通。不僅如此，連一般的修行人也可以證得。因為根據傳說，在佛陀之前有些修行人就能夠在空中飛行，甚至穿越不同的世界。

我們可以發現到，在佛典中清楚揭示了證得五種神通的方法，直至今日這些修持的方法還是謹慎地保留下來，因此這五種神通是可以證得的。雖然在今天，我們看不到任何人具足這五種神通，這實在是由於我們缺乏持續身心的努力精進所致。（譯自【佛教手冊】附錄）

附錄三

雷迪西亞多略傳

明法比丘

雷迪西亞多（Ledī Sayādaw, Aggamahāpaṇḍita, D.Litt.,1846~1923）是近代一位著名的大師，他出生於上緬甸雪布區低胚音鎮散平村（Saing-pyin Village, Dipeyin Township, Shwebo District-- 現 歸 屬 Monywa 區）。他 15 歲出家當沙彌，18 歲時曾不滿傳統佛學教育只侷限三藏的教育，曾還俗一次。半年後，他被一位老師勸回去向一位老師學吠陀（印度教經典），但是需要當沙彌，他才再回去。二十歲受比丘戒，他在多為老師的指導之下學習佛法，之後，受教於曼德里的仙較西亞多（San-kyaung Sayādaw, Sudassana Dhaja Atulādhipati Sīripavara Mahādhamma Rājādhi-rāja-guru, 曾翻譯《清淨道論》成緬文）。

雷迪西亞多是非常聰明的學生，傳說有一天仙較西亞多出 20 個關於波羅蜜（pāramī 最超越的）的問題，有大約 2000 位學生，只有雷迪西亞多（Bhikkhu Ñāṇa-dhaja 智旗比丘）的答案最令人

滿意。他當比丘的第八年，通過考試，成爲曼德里大光寺 (*Mahā Jotikārāma monastery*) 初級巴利文老師。在貢榜王朝提泊王 (*King Theebaw, 1878-1885*) 統治期間，他成爲大光寺的一位巴利文講師。在 1880 年，雷迪西亞多 *14* 個戒臘 (*Vassa*) 時，仍然住在仙較寺 (*San-kyaung monastery*)，出版了他的第一本書《波羅蜜手冊》(*Pāramī Dīpanī*)。

明東明王 (*King Min Don Min* 統治期間 *1853-1878*)，曾贊助第五次結集 (*1871* 年)，當時把三藏經典刻在 *729* 塊石板上，立在曼德里山 (*Mandalay Hill*) 腳下的古托德塔 (*Kuthodaw Pagoda*) 周圍。當時雷迪西亞多曾幫助編輯及翻譯阿毘達摩藏。

1882 年，雷迪西亞多 *36* 歲時，移居至摩尼瓦鎮 (*Monywa*) 之東北約 *150* 公里，青頓河 (*Chindwin River*) 的東岸建一間雷迪森林寺 (*Ledī-tawya Monastery*)，之後，他就被稱作雷迪西亞多 (*Ledī Sayādaw*)。他收了很多來至緬甸各地的比丘，並教導他們。在晚上，他會到青頓河西岸拉邦討山邊 (*Lak-pan-taung*) 的一間小茅蓬精舍去禪修，主修呼吸法及受念處。

幾年之後，他爲了弘揚佛法，到緬甸各地遊化，他所到

之處講說佛法，及開設阿毘達摩課程和建立禪修中心。為了教學，他編了一些阿毘達摩押韻詩或者說是**阿毘達摩要略**。在一些大城市，他甚至為在家眾開阿毘達摩及戒律的課程。至今還有幾個雷迪禪修中心仍然存在，而且還很有名氣。在他的遊化期間，他以緬文寫了很多文章、書信、詩、手冊。他的緬文寫作有意深入淺出，讓農夫也看得懂。他遊化緬甸期間，他寫一本《思考牛肉》(*Go-mamsa-matika*)，鼓勵人們素食，不要殺牛吃牛肉。

他的作品《勝義諦要略》(*Paramattha-savkhepa*)，是為年輕人寫的《攝阿毘達摩義論》，至今還廣受歡迎。他的《勝義諦手冊》(*Paramattha Dīpanī, 1897*)對《攝阿毘達摩義論》作注解，訂正過去注解書的許多錯誤，該書成為後代學習阿毘達摩的重要參考資料。

20 世紀之初，有一位烏波帖 (*U Po Thet*)的在家人來跟他學禪修，後來成為緬甸有名的禪修老師，他就是烏巴慶 (*Sayagyi U Ba Khin*)的老師（葛印卡老師 *Goenkaji* 受學於他）。

在 1911 年，印度政府頒授給雷迪西亞多至上大智者

(*Aggamahā paṇḍita*)的頭銜，稍後，仰光大學 (*University of Rangoon*)頒授給他文學博士學位 (*D. Litt.Honoris Causa*)。他是近代兼具通達教理 (*pariyatti*) 及實修 (*paṭipatti*) 的著名大師，他將佛法的寫作照顧到一般民眾的理解，使他的教法能在緬甸普受歡迎，並流傳久遠。他的晚年居住在彬文那 (*Pyinmana* 仰光之北 350 公里)，其時，眼力漸衰，他在 73 歲時全盲，1923 年過世，享年 77 歲。

他寫了超過 70 本手冊，其中有八本被譯成英文，發表於《法光雜誌》(*The Light of the Dhamma* 該雜誌已停刊收錄於 *"The Manual of Buddhism"(www.ubakhin.com/ledi/biograph.htm)*— 出 版 者：*Union Buddha Sasana Council, Burma, 1965*)。

附錄四

緬甸主要禪修中心索引

一、雷迪大師系統

A、雷迪大師禪修道場：

Ledī Tawya Monastery, Monywa Town,

Madalay, Myanmar

B、莫哥禪修中心：

Mogok Sayādaw Meditation Centre

82 Natmauk Road, Bahan Township

Yangon, Myanmar

Tel:95-1-550184

C、烏巴慶國際禪修中心

International Meditation Centre

31-A Inyamyaing Road

Bahan Township, Yangon, Myanmar

Tel:95-1-531549

網址 :*http://www.ubakhin.com/*

D、葛印卡內觀禪修中心

Dhamma Joti

Nga Htat Gyi Pagoda Road

Bahan Township, Yangon, Myanmar

Tel:95-1-524983

網址 :*http://www.dhamma.org/schmyanm.htm*

二、馬哈希大師系統

A、馬哈希禪修中心

Buddha Sāsana Nuggaha Organization

Mahāsī Meditation Centre

16 Thathana Yeiktha Road

Yangon 11201, Myanmar

Tel:95-1-550392

網址 :*http://www.buddhanet.net/m_centre.htm*

B、班迪達禪修中心

Paṇḍitārāma Sasana Yeiktha

80-A Thanlwin Road,

Bahan Township, Yangon 11201, Myanmar

Tel:95-1-527171

網址 :*http://www.panditarama.org/*

E-mail:panditarama@mptmail.net.mm

C、達磨倫西禪修中心

Saddhammaransi Meditation Centre

7 Zeyar Khemar Street

Mayangon Township,

Yangon 11061, Myanmar

Tel:95-1-661597

D、恰宓禪修中心

Chanmyay Sānana Yeiktha

55A Kaba Aye Pagoda Road

Yangon 11061, Myanmar

Tel:95-1-661479

網址 :*http://www.chanmyay.net/*

三、其他

A、孫倫禪修中心

Sunlun Meditation Centre

16/2 Block Thingun Kyun Yatana Road

South Okkalapa Yangon, Myanmar

Tel:95-1-565623

網址 :*http://www.sunlun.com/smme.html*

B、莫因寺

Mohnyin Monastery

185 Dhammazedi Road

Bahan Township, Yangon, Myanmar

C、帕奧禪修中心

Phā Auk Tawya Sinn Kyan Kyaung

Pha Auk P.O., Mawlamyine

Mon State, Myanmar

Tel:95-3-222853

國家圖書館出版品預行編目資料

三十七道品導引手冊：阿羅漢的足跡 / 雷迪大師著；
蔡文熙中譯. -- 3版. -- 臺北市：方廣文化, 2013.01　面；　公分
譯自：bBodhipakkhiya dipani
ISBN 978-986-7078-44-5(精裝)
1.佛教修持
225.7　　　　　　　　　　　　101024513

三十七道品導引手冊

《阿羅漢的足跡—增訂版》

作　　者 ：緬甸 雷迪大師
中　　譯 ：蔡文熙
出　　版 ：方廣文化事業有限公司
住　　址 ：台北市大安區和平東路一段177-2號11樓
電　　話 ：886 2 2392-0003
傳　　真 ：886 2 2391-9603
劃撥帳號 ：17623463　方廣文化事業有限公司
電子信箱 ：fangoan@ms37.hinet.net
設　　計 ：鎏坊工作室
裝　　訂 ：精益裝訂股份有限公司
經 銷 商 ：飛鴻國際行銷有限公司
電　　話 ：886 2 8218-6688
傳　　真 ：886 2 8218-6458
出版日期 ：公元2017年2月 3版2刷
定　　價 ：新台幣280元 （精裝）
行政院新聞局出版登記證：局版臺業字第六〇九〇號

方廣文化出版品目錄〈一〉

方廣文化出版品目錄〈二〉

夢參老和尚系列

書籍類

● 楞嚴
LY01　淺說五十種禪定陰魔 —《楞嚴經》五十陰魔章
L345　楞嚴經淺釋 (全套三冊)

● 天台
T305　妙法蓮華經導讀

● 開示錄
S902　修行
Q905　向佛陀學習【增訂版】
Q906　禪‧簡單啟示【增訂版】
Q907　正念

DVD
D-1A　世主妙嚴品《八十華嚴講述》(60講次30片珍藏版)
D-501　大乘大集地藏十輪經 (上下集共73講次37片)
D-101　大方廣佛華嚴經《八十華嚴講述》
　　　　(繁體中文字幕 全套482講次 DVD 光碟452片)

南傳佛教系列
SE05　七種覺悟的因素
SE06　南傳大念處經 (中摺本)
SE07　三十七道品導引手冊《阿羅漢的足跡》(增訂版)
SE08　內觀基礎《從身體中了悟解脫的真相》
SE09　緬甸禪坐《究竟的止觀之道》(增訂版)

其他系列
Q701　單老居士文集
Q702　肇論講義
Q703B　影 塵-倓虛老法師回憶錄
Q705　佛學小辭典 (隨身版)
ZA01　參 禪《虛雲老和尚禪七開示》
ZA02　禪淨雙修《虛雲老和尚開示錄》
Z005　《禪宗公案》-李潤生著

方廣文化出版品目錄〈三〉

方廣文化出版品目錄〈四〉

密宗系列

M001 菩提道次第略論釋
M002A 勝集密教王五次第教授善顯炬論
M003 入中論釋
M004 大乘寶要義論 (諸經要集)
M006 菩提道次第略論
M007 寂天菩薩全集
M008 菩提道次第廣論
M010 菩提道次第修法筆記
M011 白度母修法 (延壽法門修法講解)
M012 中陰-死亡時刻的解脫
M018 菩提道次第廣論集註 (卷一~卷十三)
M019 佛教的本質-《佛教哲學與大手印導引》

能海上師系列

N601 般若波羅蜜多教授現證莊嚴論名句頌解
N602 菩提道次第論科頌講記
N345 戒定慧基本三學
N606 能海上師傳
N607 現證莊嚴論清涼記
N608 菩提道次第心論

論頌系列

L101 四部論頌
　　　(釋量論頌 現證莊嚴論頌 入中論頌 俱舍論頌)
L102 中觀論頌 (中摺本)
L103 入菩薩行論頌 (中摺本)
L104A 彌勒菩薩五部論頌
L105A 龍樹菩薩論頌集
L106 中觀論頌釋
R001 入中論頌 (小摺本)